太極拳勁法 林氏結構

林冠澄◎著

垂直軸訓練
立體透視圖

目 錄

太極拳勁法 林氏結構

《太極拳勁法－林氏結構》拜序

徐　紀

　　吾中華文明古國的歷朝歷代、列祖列宗所傳下來的文化，項目繁多，成就極高，無論經史子集、詩詞歌賦之瑰寶，舉世無匹！

　　然而呢，其中唯獨缺乏了武術的資料。

　　此無他，只因為武術乃是科學。

　　是科學就不似哲學、文學那樣地，可以自古創立，歷久彌新，永遠具有精深遠大的地位與價值，以供後人之景仰，學習而得益。

　　因為科學是進步的；不斷在改變的。

　　如果用車子來作比喻的話，則武術自古及今，一如車輛，是不斷進步的成績。有如

　　人力挽車 → 獸力拉車 → 機械運轉 → 汽油發動 → 而如今已進入電動車的新時代，

　　將來更有何種發展？尚不可知……

　　一百年前，全世界各國家、各民族的武術，全敗於火器之後，武術退出了戰場，也同時停止了進步！

從此東西洋等等外國武術的生存之道，結合了生財之道，其發展是互相扶持的兩個方向：

其一，當它是教育，發展並不完全有益於身心健康的體育課程。

而另一，則是資本主義工商社會之產物──娛樂事業：謀求名利，當作生意來做，討好顧客。

際此時風之下的中國武術，除了盲從外洋，亦步亦趨之外，也創建了兩條發展的途路：

一是高臺唱戲，撂地賣藝。而另一是創建虛而不實的神秘功法，與不務實際的學術研究。

請看神州大陸與寶島臺灣，紛紛成立了大專院校的武術科系，頒發著學位，培訓了教授……大致上是以文代武，卑視技術──武術的生命！

於是呢？觀其學科，大言自誇。而其術科，難能入目……

再試一讀教授的教材、講義和碩博士們的論文，則少有研討武術──「武」打的技「術」之認知與努力。十之八九乃是資料的收集、排比；益以不盡高明正確的批評與證言。

其中，好比說，題目可以訂定為：〈民國初年的武術與社會關係〉。而其寫成的論文，一定比不上改由社會學系的研究生來寫！

至於社會系的學者之作品，當然應該，而且必須

以社會為重心；武術只是涉及而已！

　　這說明了甚麼呢？這就足以證明：雖有大學的系所，國家承認的學位，但是，社會學有所講求，武術其實並不曾得人研修。

　　任何一個系所之中，不研究它本身，卻研究與其有關聯的學術，這呈現的算什麼世界？這流行的是什麼世道啊！？

　　武術，當然不只是在大學校園裡，武術仍有存在社會上面的事實。

　　只是，今日社會之對於武術，除了不重視、不關心之外，其投入研求，期望成就的形式，一如大專院校：只作與武術相關事項之探索，少有於武打技術本身之體驗，奈何！？

　　武友林冠澄老師，生性好武。在研修了若干種中外武術之後，潛心追求太極拳；而尤其投注心力在太極拳勁法之尋訪　→實驗→改進→研發等等一系列的技術發展與提升上，成就非凡！

　　冠澄兄絕不密技自珍，除了廣收門徒，公開密技之外，更還出版專書，詳述論細。從 2002 年始，二十多年來，出書四本；這本新著，名列第五！

　　而其難得之處，不在數量與年數，最最可貴，且令人欽佩的是他那斑斑的足跡，臨淵履深、曲折前進，步步高升的努力之心，奮鬥之情！

這五本書中，本本都有新發現、新操法與新詮釋！勇不可當地以今日之我，戰昨日之我！以實際的行動，實證了武術所含的教育本質，本來就是教人求真相，作實踐的根本質性，與最大價值！

咳，親愛的武林同道：
資料云乎哉？實技是唯一。

徐 紀 拜序
2023 夏 劍犁功法學舍

卻顧所來徑 蒼蒼橫翠微—
林氏結構 豐富太極

前國安局特勤組長陳偉忠博士

　　林冠澄老師人生興趣多元，尤以武術一道，涉獵廣泛。其幼習外家拳腳功夫，用功著力於跆拳道、柔道、合氣道、腿術、擒拿等技擊防身之術。而立之年後，人生際遇與心境之轉換，遂從外家拳腳專注轉化為於內家拳法，尤醉心於太極拳勁法之體悟與應用。

　　冠澄老師太極拳求藝，從鄭曼青創編的《鄭子簡易太極拳》入手，《鄭子簡易太極拳》係鄭曼青依據楊澄甫所傳楊家老架太極拳 108 式，刪減其重複招式精簡成為 37 式，以使習者能更直接更方便的得窺太極拳堂奧。

　　太極拳拳架可養生可技擊，惜在技擊一道，例如《十三勢歌訣》：「若言體用何為準，意氣君來骨肉臣」；王宗岳《太極拳論》：「由著熟而漸悟懂勁，由懂勁而階及神明。然非用力日久，不能豁然貫通焉！」等，此等語句泰多形而為上，在方法論上語多未盡，亦鮮見後人能以物理學、力學等現代科學，闡

釋內中論點者。

　　冠澄老師大學畢業即服務教界，教學認真。並本於知識分子學習精神與價值取向，以陳寅恪「獨立之精神，自由之思想」理念，對於太極拳除傾心於拳架之學習，更熱衷於諸家拳論的體悟，由於其商學院企業管理知識背景，敏於思考包容多元，兼具對理工知識潛心修習，在拳論與拳架應用與體驗之後，遂對太極拳勁法實事求是勇於革新，進而於 40 年前能勇於突破前人窠臼，在太極拳勁法領域創新提出「林氏結構」之初想。

　　如今是書《太極拳勁法－林氏結構》，已是冠澄老師 20 年來對此立論所行的第 5 本專書，是書綱舉目張將「太極拳勁法－林氏結構」築基於太極結構、生理結構與 S 形結構等三大理論，從對太極陰陽之認知，以陰陽相濟為本，以虛實連動為明，進而從人體四肢結構實際勁法的運用，資以說明陳鑫《陳氏太極拳圖說》所述的「五陰五陽是妙手」的真義，終以 S 形結構印證太極圖中陰陽相濟之理。40 餘年來冠澄老師，在「太極拳勁法－林氏結構」從發想、立論、實作、質疑、精進等思辨過程，立論在破與立之間反覆，逐漸豐富了「太極拳勁法－林氏結構」的內涵與實質。

　　余少壯時，忝列聯合警衛安全指揮部拳訓師資班第二期，受業於劉雲樵師，余在七海警衛室時期，更常至雲樵師位於忠孝東路頂好商圈附近住宅，與雲樵

師談禪論道笑語老莊好不痛快。晚近習陳氏太極拳，
更覺武術一道，蘊藏的中華文化內涵無與倫比。

　　今冠澄老師總結其四十年浸淫太極拳之心得，欣
見其對於林氏結構理論，以現代科技析論太極拳勁法
拳理與實務的日臻完善，終成一家之言。現是書完成
囑序於余，余樂為之序，以彰顯其立論完善的宗派門
風。

浮偉忠

癸卯年丁巳月庚寅日　序於士林芝山

太極拳勁法　林氏結構

自　序

　　自從 1980 年接觸太極拳以來已歷 40 多個年頭，先後有《陰陽相濟的太極拳》、《細說陰陽相濟的太極拳》、《詳解陰陽相濟的太極勁法》、《陰陽相濟太極勁法的科學與應用》的問世，有破論立論的思維辨證部份，有肢體如何進行陰陽的組合部份，也有勁力如何生成、訓練、運使的詮釋，並與相關科學相印證的內涵。

　　太極拳是依太極之理運行的拳，由太極圖騰觀察，太極是陰陽共生共存，陰陽比值大小相等，且為反向互動的關係。因此拳架及勁法的建構運行，處處不離「矛盾對立而統一」、「五陰五陽稱妙手」或「有上則有下、有前則有後、有左則有右」的結構存在。呈現了「陰陽比值相等同時反向運作的結構」之太極結構內涵。

　　拳論云「其根在腳，發於腿，主宰於腰，形乎手指」，人體的運作是由下而上傳遞能量的，於是足弓、

腳踝、小腿、膝窩、大腿、胯、臀、腰、背、夾脊、上臂、手肘、前臂、手腕、手指等，各關節部位其潛在的特質及能量為何？應如何運使以生最佳功效，在我研發的歲月裡，發現了很多可探討的生理結構問題。

觀察太極圖騰的陰魚和陽魚之間含有一個S形曲線，此太極圖中間的S形曲線經測試，除了運作效果等同於S形曲線左右陰陽魚組合之能量效果外，更具有突破雙方有限空間、破壞對手身體結構、卸除對手勁力、瓦解對手樁步的功效，因此S形結構一樣值得探討。

太極結構、生理結構、S形結構是林氏結構的核心，此三大結構堅實了身體結構，豐富了學習內容、壯大了勁力能量。體內通路的開發，氣血流暢週身，勁力傳輸快速，能為身體帶來健康，足以防身的勁力。集健身、養生、防身畢其功於一役的學習內容，為太極拳的同好們，汲汲於健身、養生的同時，又可兼得拳勁功夫，分享勁法的神奇奧妙，豈不美哉！。

此套獨特的運作系統，係經人體由下而上約15個關節部位的逐項分析了解，並與雙腳交替單環轉、雙環轉、立體三環轉的垂直軸訓練同步進行，待這兩個次系統都有相當的火候之後，開始盤架的試運，

接著進入沒有跳躍動作的整套太極拳架運行。另加理念、速度、數字等的訓練後，可升級到拳架運行中隨時接發勁能力的培養。

以此三大結構引領肢體的動作、拳架的運行、勁力的運作之理論、訓練、流程、層次等苦心孤詣研發的內容，過去都以「陰陽相濟」之名鋪陳於上列四本著作中，今天鄭重提出《太極拳勁法－林氏結構》書名名稱，彰顯原創人的初心！

該書內涵符合太極之理，結合 S 形運作，強化生理機能，產生奧妙效果，獨樹一幟的太極武學研究，值得大家給予關懷、探討和學習。

2023 年 5 月　書於台北市北投區

太極拳勁法 林氏結構

第一章 林氏結構的意想與發微

【自然】是人們觀察物質現象和行為狀態時所常用的詞彙，依維基百科的說法，自然（英語 Nature）或稱自然界、大自然，是指不斷運行演化的宇宙萬物，包括生物界和非生物界兩個相輔相成的體系。人類生存於此自然界之間，因體悟而有了「道法自然」及「靜觀萬物皆自得」的語句，可見在此定義的「自然」與我們的關係非常密切，其中的物質現象和行為狀態值得我們投入認真認識，還可將蘊含其中可促進我們學習的道理擷取出來，化為成長的助力。

以下就我歷年來由萬象中觀察到、感悟到、且經驗證，與太極拳勁學習息息相關，已融入我的學習內涵中的諸多事例現象，率先登場讓大家建立概念，以便循序漸進閱覽，甚至試證、學習！

1−1 日常中的太極之理

萬象萬物之中都有其可觀察的現象、有其可詮釋的道理，就看世人能從其中獲得甚麼。謹以個人從日

常生活中所體驗或眼見事物，與太極之理有關的點點
滴滴例舉如下：

一、洗臉洗澡時，毛巾浸濕後擰乾擦洗顏面，再浸濕
　　擰乾後卦上毛巾架，其中之擰乾動作，是雙手同
　　時反向等量運作，產生的扭力將水擰出來，單一
　　左手或單一右手都難以將水擰出來的。

二、享用餐點時，東方人士習用兩支同樣長短的筷子
　　（西方人士習用一左一右的刀叉），此雙筷子，
　　可以同時左右挾（有左則有右），可以同時前後
　　挾（有前則有後），也可以同時上下挾（有上則
　　有下），若為單一筷子則無法挾起食物。

三、溫度調節時，將已配置有正負極同樣長短的插
　　頭，插入牆壁上的插座或延長線的插座上，以啟
　　動電能，吹送冷風、冷氣或暖氣。

四、開車用車時，無論是機車或汽車，傳統以來多
　　是透過鑰匙的旋轉，接通陰極與陽極以啟動發電
　　機，帶動引擎運轉。

五、手機充電、插電煮飯時，將有正負極的插頭，
　　插入已配置有同樣電流的陰陽極插座上充電、生
　　熱，提供世人溝通、餐飲上所需的電能。

六、汽車的前行、飛彈的飛行時，是後噴氣與車身彈
　　體同步進行，後噴量的快慢大小關係著車身彈體
　　的速度，而為正比例的反向關係。

　　經由以上舉例可知，能量的來源在於兩股作功相
等、同時反向運作的結構上，是陰陽二者合而為一的
運作方式，即太極圖所呈現：陰陽大小相等，陰陽同
步反向運作，而為陰陽比值相等同時反向運作的圖
示。陰陽是共生共存之結構，不是先陰後陽，一分為
二的運作方式。

　　太極拳勁內容，就是依此「陰陽二者合而為一」
的運作方式研發、推演的，在舉手投足、拳架運行之
間，去建構合理的太極之體（有體斯有用），以至「渾
身無處不太極」能力的實現。

1－2　撐船的奧秘

　　撐船是利用長竿撐到河底來推動船隻前進的原
理，是人在船上透過撐竿的操作，向下陰沉到河床的
施力，再產生由大地陽升的能量，使人、船及貨物在
水面上前行。

　　撐船這種景象您可能看過，也可能親自操作過。
若沒操作過，那就試拿一長竿頂著牆角，雙手握竿向

頂著牆角的竿尾施力（陰下），接著您就會感受到由下返回的撐力（陽升），越向下加力反撐的能量也越大，甚至會將您撐離原立足點。

由此體驗中給我的心得是，透過陰沉的作為會產生陽升的反應，有如徑賽短跑選手，在起跑的剎那會以助跑架助跑一樣，向後施力會產生向前的衝力。可知陰陽同在且反向的運作是能量產生的基礎。

依此理，當雙方相搭後對手的來勁力道侵入的剎那，可經由我人的實體空間或虛擬空間，都視同長竿的通路，將來勁力道引入大地之下，大地即回以上升的地力經原實體空間或虛擬空間將對手勁發而出，這是我已開發有成的實例，在此提供參考。

1-3 駕駛盤的玄妙

幾乎人人都見過汽車駕駛盤，且親自操作過駕駛盤，駕駛盤所呈現給我們的是在操作時，同時有上有下或同時有左有右（右上則左下、左上則右下），具有上下左右相互呼應的關係。

除此之外，在右上則左下或左上則右下之際，駕駛盤右下時其弧度、長度、時間及能量輸出，與駕駛盤左上的弧度、長度、時間及能量輸出，必然完全相

等，也可以說陰陽的運作是永遠保持相等平衡，纔能輕鬆裕如地操縱駕駛盤，這是動態太極很重要的內涵，也是太極圖的核心精髓所在。

將此內涵移入太極拳的運作中觀察，試問坊間⑴若以右腰帶動四肢盤架時，可有以意提醒自我左腰要有同步的弧度、長度、時間及能量輸出與右腰相呼應？⑵移位時該是前後腳同步反向的弧度、長度、時間及能量輸出互動的移位？⑶與對手相搭進行推手時，假設來勁力道由右手臂的右外側侵入，受力者該是向右下方接化的同時，右手臂左內側以相同於右外側的弧度、長度、時間及能量輸出，反旋給前方的對手（該手臂陰陽同在、陰接陽放的自轉）是太極拳？還是折肘屈身先陰之後，再求陽放的是太極拳？

汽車駕駛盤的運作模式，給了我很多觀察坊間各家太極拳，在盤架時、移位時的單人訓練，雙人搭手互動時，所存在的種種問題。

1－4 相互因應─彈簧和螺旋鑽

常有人提到腳底或身體要練的有如彈簧一樣（圖1），有彈性力，有壓縮空間，原則上沒問題，因為彈簧本身就具有這種特性，能被壓縮還能彈回原空間。

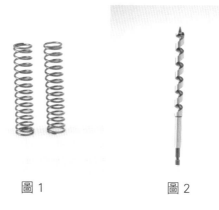

圖 1 　　　　　　　　圖 2

　　然而若仔細觀察，彈簧底部接觸面大，回撐之力也大，在練拳或接勁時以此觀念操作，事實上難以有效卸放己力及來勁力道，同時被壓縮後彈回的高度，也僅回到此彈簧的原高度，除外在時間上度量，先被①壓縮再②彈回，用時兩個時間單位，速度遲緩！

　　螺旋鑽（圖2）其特性是鑽頭細尖，下穿的破壞力強，鑽頭下穿的同時會將被穿旋的物質（材質）由其設計的溝漕向後方送出，前行後出（陰陽同在），功能雙向卻是同一時間在進行（矛盾對立而統一），速度快！

　　基於以上的認知及檢測，我採行了螺旋鑽旋行方式的垂直軸訓練，進行體內通路的開發，接發勁也是採行接發同在，陰陽二者合而為一的運行方式，講求陰陽無時間差的訓練，走的是陰陽同在的陰陽相濟！

1-5 沙漏與漏沉的領悟

　　沙漏（圖3）是一種計時儀器，又有沙鐘、沙壺等別稱。沙漏通常由兩個連在一起的流沙池組合而成，而內裏則視乎計算的時間密封裝有一定的流沙。

圖3

　　沙漏最早被發現於中國、希臘、義大利等地，被使用於航海，澳洲國會則使用沙漏作爲會議議程計時之用。

　　沙漏對我而言，我看到的流沙沉落，是「由下而上」的方式在流動，非世俗習知「由上而下」的「鬆沉」方式，進行來勁力道的洩放。然而「由上而下」的「鬆沉」方式，眞的能將自我重力及來勁力道，沉入大地嗎？

　　腳底沒先經科學的訓練方法，開發出類似於排水管的出水口，沒出水口的腳無法排洩由上而下的水流，用屈膝、落胯以消解來勁力道的運作方式，反而使勁力有難以下沉的缺點，容易傷害人體的膝蓋，是促使我研發「漏沉」的動機！

觀察「沙漏」漏沙的情況，沙漏中的沙子由底部漏口順暢地漏入到另一空間，就能將沙子漏盡，將此道理移入到人體的運作中，其最大的功能特色是，起動點比對手低沉，對手極易根浮之外，腳底漏口（足弓）有如排水管出水口的，有了流洩的通路，可快速將己方重力及對手的來勁力道放空，此外無外顯屈伸折疊的體態，又易迷失對手的觀察！

　　太極拳的修練是「其根在腳，發於腿，主宰於腰，行乎手指」的流程，林氏結構太極拳勁的傳授就是「由下而上」的腳下練起，先經純足弓運作的單環轉、足弓及腳踝的雙環轉、足弓及腳踝再加膝窩的立體三環轉，三個階段的垂直軸訓後，再進入純漏沉的訓練，不同於傳統太極拳「由上而下」的鬆沉運作法。

　　依我多年的實作驗證（「漏沉」的學問，2004 年3 月即已開發出來），漏沉依序由足弓、腳底板、腳踝、小腿、膝窩、大腿、臀、腰、背、夾脊、肩、上臂、手肘、前臂、腕、手掌、手指的漏沉訓練（見第三章3 - 5 說明），因陰陽相生相長的關係，習之日久，各關節部位漏沉到那裡，陽勁就會長到那裡，假設當下那裡是大腿或夾脊，當下就由大腿或夾脊發勁，若用手發勁則無效果！【參見 P. 54 我研發的「腳底運行反射勁路關係圖」（圖 5）】

1-6 地震災難的發想

有人說，天地間最強、最險的是「風」與「水」，「風」者如龍捲風、颱風等，「水」者如漩渦、洪水等。當風、水形成巨大能量後，都具有摧毀人、畜，造成屋毀人亡的威力。

初想形成那樣災害後的情景，而將風、水看作天地間最強、最險的不是沒有道理。但是！風是在大地表面上空吹動（如颱風）、旋動（如龍捲風），事先可以透過「雷達」予以相當程度的監控，並將災害減到最低；水是貼在大地表面流動的，在形成破壞力之前，人類幾乎可以預測、觀察，也可以預作撤離的防範。

至於由地表下產生的「地震」，不僅人類至今還無法事先掌控，同時發生強力規模震撼後形成的破壞力，對人類帶來的傷害往往超過風和水的可怕程度。可查證的強震的史實非常多，其強度遠大於地表上的風及地表面的水之破壞力，因此最強、最險的除了風及水之外，由地下來的地震更是可怕的殺手！

將此自然界的災難現象與太極拳的學習內容相照，張三丰的太極拳經「其根在腳，發於腿，主宰於

腰，形於手指」中，「其根在腳」有如地表下的地震的震源，也最合於人間萬象「由下而上」的道理。

　　至於推手、八法連環運用或步隨身動等的練法，僅類似於地表上的風而已。而類似於風的推手、八法連環運用或步隨身動等，易被對手眼睛觀察、體膚感應，而採相對反應。

　　因此重視下盤，照顧「根」的養成，是修練太極拳功夫不可偏離的、基本的、重要的途徑。有了堅實又有威力的下盤腳，其能耐絕對強於中盤丹田及上盤手的作為！

1-7 「步隨身換」遜於「身隨步換」之理

　　觀察人類、動物的移動或移位，那一項不是用腳動的呢？身體的移動其動能起於最底部，打拳時應該是由腳（或步）先動，而後才有身動、手動，才能與「由腳、而腿、而腰……」之語意相配合。我以為「步隨身換」這句話不吻合萬物之理。

　　由實證得知，由中上盤先行起動，進而帶動下盤移動的「步隨身動」，其重心偏高，腳底難以進行陰陽運作，根淺而浮。由下盤腳先行起動，進而帶動中上盤的「身隨步動」，其重心偏低，腳底便於陰陽操

作，根較沉穩，還可借到地力。

在太極拳領域中，除了「步隨身換」之運作方式外，「身隨步換」一樣是可行的一條路，甚至是更爲正確、更爲合理的思維及運作方式。

同時在「步隨身動」觀念下，重力由上而下的運作，形成膝蓋日積月累被動吃力的情況下，膝蓋不被傷害那是幸運。

在「身隨步動」觀念下，能量係由下而上的傳遞，對上半身相對而論，膝蓋處於主動地位，在勁力傳遞的過程中，若有不適感覺時，它會自行調整走向，且快速通過延伸而上，不會在膝蓋產生負荷，膝蓋被傷害的機會可說是微乎其微。

由人人每天走路的常態（是腳動帶動上身前進，並非上身拖著腳在走路），幾乎沒有聽到有膝蓋受傷害的，反而是學了太極拳之後，卻聽到膝蓋疼痛的大有人在，豈不怪哉？觀念及運作方式的正確與否，是否值得深入探討？

1-8 「勁流」的認識與操作

我們知道，水的流動稱爲水流，車子來來往往的

流動稱為車流，過往行人的流動量稱為人潮，風的流動稱為風水，不同情境下的動態或靜態現象都有對應的稱呼；在各拳種內所提及接發勁時勁力的接收與勁力的發放，在人體內外在空間的流動，我們一樣可以給予一個合適的名稱，即「勁力的傳輸」稱為「勁流」。

依我個人的體驗，有了「勁流」名稱的提示，不僅在教學及記憶上具有方便性，對於學生自我學習，陳述學生運作的對錯，更具有準確性與檢測性。

萬物皆有萬物之理，其中某些道理幾乎都為人們所常見且熟知的。例如由台北市開汽車到高雄，必須經過台北、桃園、新竹、苗栗、台中、南投（經 3 號高速公路）、彰化（經 1 號高速公路）、雲林、嘉義、台南、高雄等地區（空間），且須經約 5 小時的時間始能到達，不可能坐上車油門一踩就到達；或者飛機由台北松山機場起飛後，要飛約 1 小時的空中路線始能到達高雄小港機場。這是非常明確的道理及事實！

反觀，坊間在人體運作上，尤其是武術上，幾乎找不到這樣的思維及設計，以致無法產生應有的漂亮效果。因為一般作為多是肩頭、上臂、手肘、前臂、手腕、手掌同步運作，將肩頭至手掌之空間壓縮為零！鮮少是　①肩頭→②上臂→③手肘→④前臂→⑤

手腕→⑥手掌，依序運作，經過近兩尺的傳輸空間後，始將勁力送入對手身上。

以肩頭、上臂、手肘、前臂、手腕、手掌　同步傳輸，將肩頭至手掌之空間距離壓縮為零，有如由台北市坐上車，油門一踩就要到達高雄的不可能實現（因為不合「萬物之理」）！如採行　①肩頭→②上臂→③手肘→④前臂→⑤手腕→⑥手掌的遞進方式運作，經一定的時間後，勁力有如江水後浪推前浪的堆疊擠壓，必生滲透破敵的效果。

以上以手臂為例的說明，①若為全身軀為例，假設接觸點在手腕，則接勁的勁流為　①手腕→②前臂→③手肘→④上臂→⑤夾脊→⑥後背→⑦後腰→⑧臀→⑨大腿→⑩膝窩→⑩小腿→⑪腳踝→⑫足弓→⑬大地；發勁的勁流則為①足弓→②腳踝→③小腿→④膝窩→⑤大腿→⑥臀→⑦後腰→⑧後背→⑨夾脊→⑩上臂→⑪手肘→⑫前臂→⑬手腕。接發點都在手腕，待時間訓練熟練到「下上往返」的時間相等，且能在動念為「1！」的瞬間，勁力即可由手腕勁射而出，則為「同時間同空間」之呈現！

經由以上的認知及測試可知，在人體運作的過程中，尤其是在接發勁時，要時時提醒自己，由起動點到達目的地的空間是否順暢地通過，以及通過此空間

的時間消耗問題。也就是說勁力的傳輸，不可漠視由身體各關節部位構成的「空間」問題及勁力傳輸所涉及的「時間」問題。

1－9　「發勁如放箭」的「箭」是如何放的？

在很多有關太極拳的書中常看到「發勁如放箭」這句話，然而如何放箭？幾乎沒有一本書有詳細的說明，所呈現的是「雷發不及掩耳」地快速出擊罷了，與我這篇文章的切入點並不相同，本篇文章重點在敘述節節貫串的流程。針對這個部分，特別提出一些我個人的實務心得。

首先先談「弓」及「箭」的部分。弓是射箭的器具，結構為弓背及弓弦。箭者是搭於弓弦上可以發射殺敵的長程武器，其結構為箭簇、箭身及羽翼部分（箭尾）。我們知道要能將箭射出去，絕對離不開弓，拉弓纔能射箭。當箭搭於弓弦上，將弦放開後箭即急速飛出，可看到或想像到的是箭頭帶著箭身、箭尾快速前進，這是很自然又很習慣的看法。

但深一層分析，看法稍加改變。那就是箭所以會被射出去，其起動源頭並不在箭簇（箭頭），而是在羽翼部分（箭尾）。整枝箭是由弓弦的彈性力放射出去的，其力道的傳遞最先透過箭尾羽翼部分，

接著傳到箭身，最後再傳到箭頭。因此以流程看應該是 ① ② ③ 的表示，是箭尾先動的。如同砲彈底座下的底火被撞針撞擊後砲彈被擊出，而不是 ① ① 或 ③ ② ① 的走法。

以此思維導入「發勁」的領域中，所影響的到底是甚麼？先以「……箭頭帶著箭身、箭尾快速前進……」來看，若與對手接觸之搭點處為箭頭前進點的話，勁力傳輸的起動點就在對手最敏銳的感覺區，出擊之際對手那有「聽」不到的道理？不僅容易與對手撞擊，同時也失去「加速度」的空間距離，威力減弱！

再以「……先透過箭尾羽翼部分，接著傳到箭身，最後再傳到箭頭……」來看，情勢就改觀了。起動點遠離對手搭點處，以手臂為例，從上臂後方起動約有二尺以上的運行空間。以腳底為例，從腳底起動則約有近兩公尺的運行空間，以及螺旋運行的關係，而使空間加長，勁力加大。對手想要「聽」到的機會延後，當強大勁力傳輸到對手能聽到的時候再想反應，幾乎已來不及啦。

在以上兩段的事理分析中，很清楚地知道「……先透過箭尾羽翼部分，接著傳到箭身，最後再傳到箭頭……」合乎自然現象的思維，要強於「……箭頭帶著箭身、箭尾快速前進……」的直覺思維。

事理明瞭之後又如何顯現於實務中？以我的經驗，當外來勁力推擠在手臂上，我人接勁到肩部的話，就是我的弓弦拉到了肩部，放箭就由肩部放出；若接勁到腳底，就是弓弦拉到了腳底，放箭就由腳底放出。這樣接於肩部，發於肩部或接於腳底，發於腳底的認知與敘述，是很值得探討的一句話，也就是不要動不動祇會動手！

1－10 翅膀理論的提示

　　鳥類的胸肌非常發達，如鴿子胸肌中，其體重的 $1/4 \sim 1/5$ 胸部隆起一團厚厚的肌肉，附在大片的胸骨上，發達的大片肌骨還可作翅膀的基座。依靠胸肌的收縮、舒張，帶動翅膀上下扇動，由過胸肌的活動，能產生足以支持並超過鳥類體重的動力，胸肌成了鳥兒的天然發動機，鳥類的骨骼系統也可與飛行相適應，骨骼成份內的無機鹽較多，使全身骨骼堅而輕，以減輕體重。

　　由「依靠胸肌的收縮、舒張，帶動翅膀上下扇動」的事實，可知鳥類拍動翅膀飛行時，係由靠近身體的部份啟動（如人體之胸肌及背肌），並非由翅尾（如人體的手）去揮動的；而人體的上臂、夾脊、擴背肌、連同虛擬連接上臂與身體的脅下（『脅』音同『協』；此部位，在鳥類稱脅下，在人類稱腋下）所組成，就

如同鳥類翅膀的運動方式，則可產生強大的能量，而利於飛行。

　　仿此，人體的左右手臂、夾脊、擴背肌、連同虛擬的脇下，以類似於鳥類翅膀由後向前如拍翅般揮動，則其功效除能量大之外，動作不由手掌、手腕、前臂啓動，具有隱藏性，在發勁過程中對手難以察覺，又可產生合擊效果。我的白鶴亮翅發勁，就是用此功法的！

【本章小結語】

　　以上娓娓道來的前五項項例舉，動能並不是靠丹田的運作，靠的是陰陽的組合能量；沒有先陰後陽的現象，是陰陽同在，陰陽同出的事實；太極的道理存在於萬象中，存在於「陰陽比值相等同時反向運作的結構」中！

　　陰陽比值相等同時反向運作的結構，是人類維持現代化生活的基石！它不僅詮釋了太極圖的內涵，更為人類綻放光明，為人類提供能量，為太極拳提供了泉源活力。太極之理不需遠求、不需他求，它就在我們的日常生活中、就在您的眼前！

　　地震及腳動的觀察舉例，是說明動能起於下盤，既是可怕的能量來源，其運作效能也優於上盤的運

作。勁流、射箭及翅膀理論的觀察舉例，是說明能量的傳輸，由後而前循序運行是當然的物理現象，依循其理不僅不易與對手衝突，且易生滲透的破敵效果。

我的太極拳勁之太極之理、重視下盤，由後向前傳輸的理由、身體動作、拳架運行、以及如何進行接發勁的學習等，種種的思維見解，多在以上例舉代表性的項目，與自然界萬物萬象相對照、慢瞧細思，且經實證後，所得到的心得。

第二章 林氏結構之一 太極結構

【結構】依辭典的說法，是指構成整體的各個部分及其結合方式。「太極拳勁法—林氏結構」包含太極結構、生理結構、S 形結構三個部分，以陰陽相濟方式運作為主軸的「太極結構」、輔以筋骨肉運作的「生理結構」，以及 S 形運作的「S 形結構」，從而組合出可用的強大能量。此能量有助於防身、健身，養生的養成！

太極結構、生理結構及 S 形結構等三個結構，各有其精彩的內容，都有值得探討的部份，又有其彼此之間連鎖的串聯關係，構成龐大的結構網，以至整套太勁拳勁功夫的開發。接著為大家解說以陰陽相濟方式運作為主軸的「太極結構」。

2-1 對於太極拳之「太極」文意與實務的沉思

《周易》是中國最早最重要的典籍之一，儒家尊之為「群經之首」，道家崇之為「三玄之一」。

　　《周易》分《易經》和《易傳》兩部分。《易經》以卦爻符號和卦辭、爻辭的文字系統，占筮吉凶爲語言形式，對天理人理進行探究。

　　《易傳》則對《易經》思想加以發揮，提出「道」的重要範疇，認爲「一陰一陽之謂道」、「形而上者謂之道」。以及《周易・繫辭上》「易有太極，是生兩儀，兩儀生四象，四象生八卦」，由太極分化出陰陽，陰陽的對立、交感、往來、變化即爲「道」。

　　《易傳》將「陰陽」看作是表述自然界普遍聯繫的基本範疇，陰陽不僅是兩種氣，而且是事物的屬性，以陰陽闡釋卦爻象及事物的根本性質，說明任何事物都具有兩重性。提出「一陰一陽之謂道」的命題，認爲天地萬物到人類，都存在著相吸引或相排斥的關係，對立的事物又具有統一性。事物本身對立面（陰陽）的相互作用，是事物變化的普遍規律和萬物化生的源泉。一切事物的複雜性，都受陰陽對立統一規律的制約。

　　易含三義，「簡易」言《周易》之理簡明易曉；「變易」以「窮則變，變則通，通則久」說明事物變化的過程；「不易」說明事物運動規律的相對靜止狀態和相對穩定性，是指「道」或「太極」，即大自然規律本質。

易兼五義，「變易」表明宇宙萬物的變化運動；「交易」表明宇宙陰陽矛盾的交往、轉化；「反易」指陰陽矛盾的反覆變化；「對易」指陰陽矛盾朝相對立的方向發展；「移易」指陰陽矛盾的上下推移運動。

　　歷代易學家對於「太極」的說法，具有代表性的人物及卓見，擇要列舉如下：

一、晉韓康伯：「夫有始於無，故太極生兩儀也。太極者，無之稱，不可得而名，取有之所極，況之太極者也」，太極是「不可爲象」的一種內在原因根據，是形而上的虛無實體。

二、唐孔穎達《周易正義》：「太極謂天地未分之前，元氣混爲一。」指宇宙最初爲渾然一體的元氣。

三、北宋周敦頤：「無極而太極，太極動而生陽，動極而靜，靜而生陰，靜極復動，一動一靜，互爲其根，分陰分陽，兩儀立焉」，以陰陽混合未分爲太極，同時太極是由無極而來的。

　　北宋周敦頤提出太極動靜的問題，在易學史上不少易學家就此展開了討論，形成以下各種說法：

　　　1、太極運動是相對的、暫時的，而靜止則是絕對的、永恆的。

　　　2、太極是陰陽二氣的統一體，它兼有虛實、動靜、聚散、清濁兩方面。

3、太極爲動靜之理，它本身並無動靜，能動靜者是氣。但有了動靜，方有動靜之事。太極之理爲形而上者，動靜之氣則爲形而下者。

四、南宋陸九淵，不承認「太極」之上還有「無極」。

五、南宋邵雍：「太極一也，不動生二，神也。」以數說太極。

六、南宋朱熹：「極是道理之極至，總天地萬物之理」，以理說太極。認爲「無極而太極」即是無形而有理」，「太極」是形而上的道。同時，朱熹認爲，太極和陰陽互相包容，「生則俱生」。

七、北宋張載：「一物而兩體，其太極之謂與？」認爲陰陽一則變化莫測，其對立則相互推移。又謂：「太和所謂道，中涵浮沉、升降、動靜相感之性，是生絪縕、相盪、勝負、屈伸之始。」

八、清代王夫之，闡發張載學說，堅持以對立統一觀說太極。認爲太極爲陰陽二氣合一的實體，此實體自身具有運動的本性和變化規律，且寓於天地萬物之中，一切現象都是此陰陽統一體不同的表現形式，發揮了以「太和之氣」爲世界本原的思想。

※ 以上內容摘錄自 建安出版社於 1996 年 2 月初版一刷 張其成主編的《易學大辭典》

以上各家在「太極」的說法上，從歷史的演進過程看，由北宋周敦頤開始有了「陰陽動靜」，「靜而

生陰、動而生陽」、「太極分陰分陽」的說法，延續到清代王夫之的說法，幾乎都不離北宋周敦頤的中心思維，卻是廣度更拓展（如理、數、象）、深度更細微（如陰沉陽升、相互吸引、相互推盪），以解說萬事萬物運動變化的形式，使容量更豐富，完美了可以詮釋現代世人所認識以「太極圖」為表徵的太極之理。

　　由上面摘錄整理的資料可知，太極圖所描述、表達的是陰陽的關係。陰陽的關係，從太極圖來觀察，所顯現的「一陰一陽」關係，除了能夠輕易地詮釋世上家電製品、通訊、機器、車輛等啟動時需陰陽極接通之當然現象。也能夠解讀太極拳經論中，張三丰的「有上則有下，有前則有後，有左則有右」，陳鑫的「五陰五陽是妙手」，以及我個人提出「陰陽比值相等同時反向運作之結構」的內涵。

　　在我未讀《易學大辭典》之前的歲月中，已由太極圖的結構本身、太極圖結構與人事萬象的對照中，發現七大項與「陰陽」有關的問題，其中六大項已先後發表在已發行於世的《陰陽相濟的太極拳》及《細說 陰陽相濟的太極拳》兩本著作中，以及發表於《詳解 陰陽相濟的太極勁法》中的第七項，均敘述著與太極陰陽有關的文意與實務的見解，且於 2006 年 4 月份將著作中有關於「陰陽」的部份彙整為「太極陰陽給予我人的啟示」一文。

以「太極陰陽給予我人的啓示」一文，對照上述易兼五義之「變易」表明宇宙萬物的變化運動；「交易」表明宇宙陰陽矛盾的交往、轉化；「反易」指陰陽矛盾的反覆變化；「對易」指陰陽矛盾朝相對立的方向發展；「移易」指陰陽矛盾的上下推移運動。意外地發現，《易學大辭典》內所闡釋的太極陰陽與我研發出來的太極陰陽之理幾乎不謀而合，其五義的內涵，可以逐一比對如下。

一、陰陽權利地位相等──「交易、對易」。
二、上下、前後、左右的同步運行──「對易、移易」。
三、「矛盾對立而統一」或「陰陽比值相等同時反向運作的結構」──「移易、交易」。
四、太極陰陽的形式，可為圓形，亦可為其他形式「變易、對易、移易」。
五、S形曲線的特質──「變易」、「交易」。
六、「陰生陽」或「空中生妙有」──「變易、交易」。
七、「陰將盡陽已出，陽將盡陰已出」──「變易、反易」。

「太極」之理應是太極勁法愛好者詮釋的核心，也是太極拳愛好者不可須臾或離的思維。藉由「太極陰陽給予我人的啓示」一文中提及的七大項，從不同角度詮釋太極陰陽的道理，既具有可觀察性、更具有

實現性。以及多元、豐富、有創意、又合於易兼五義的內容，足堪勝任太極拳及太極勁法的神聖使命。

2－2　太極陰陽的認識

　　太極拳顧名思義與太極、陰陽有關，若與太極、陰陽無關者就不能納入太極拳範疇討論。「太極」爲字頭，也是源頭，有如水之源頭，源頭若不清，下游怎能喝到潔淨的水？離開太極二字，怎能入太極之門？太極陰陽是二者合而爲一的哲理，要從太極圖中找竅門，由陰陽二字化爲實務，去驗證、去體認。每一舉手投足間蘊含了這兩個字義？如何使陰陽並行而不悖？

　　從太極圖上觀察，太極圖中陰魚有一隻白眼睛，陽魚有一隻黑眼睛。象徵陰中有陽，陽中有陰，陰陽互爲其根，陰陽互孕。陰魚膨大的部位，陽魚則縮小，陽魚膨大的部位，陰魚則縮小。陰陽沾連互補，你消我長，你長我消，陰陽消長。接著太極圖陰陽魚之間有一個旋渦狀的Ｓ曲線，它象徵一種動態，標示著事物的陰陽變化是在螺旋式動態中變化發展的。因此一般人都認爲太極圖闡釋的是與圓形有關的事物，而太極拳的動作應該是圓形的，走的是圓形路線，這些都可說是受到外在形象所誘導的思維。

對於太極陰陽的了解，筆者除了部分人們對太極圖較爲熟悉的外在形象表徵外，還有一些內在抽象表徵的理解。太極圖看是一個圓，但用圓來解說太極陰陽，卻不見得已觸及太極圖的核心，或者是還未論及太極陰陽的全貌。

以「陰陽相濟」四個字而論，從字面看，看不出有幾何圖形的含意，祇有陰和陽要相濟的表示而已，就像男女結合可以綿延下一代，正極負極相結合可以發電發光發熱，而男女、正負極與圓形結構無關，因此對於太極陰陽之內涵，我們可以走出圓形的框框，從陰陽兩個字上面加以推敲。

太極圖上陰陽存在於一個圓圈的空間內，同一點上進行著陰陽相生、陰陽互動的運作，在陰陽同出、陰陽同出，同一時間又同一空間之「同時同空」狀態。此外陰陽二者係位置對立，但卻統合在一個圓圈之內，具有「矛盾對立而統一」的特質，是二者合而爲一，不是一分爲二的圖示。既是同時又同空，又能矛盾對立而統一狀態下之動作、招式或能量輸送，也是陰陽相濟。因此「同時不同空」之陰陽相濟，並非絕對的、惟一的陰陽相濟。

就陰陽兩個字來看，兩者物理屬性相反，而爲反向的含意，且具有矛盾對立而統一的特質。所以我們

可以將陰陽看作上下相對的兩個方向，左右相對的兩個方向，以 ⇆、↕、←→、→← 的路線同時運作，甚至於將陰陽看作是兩個互動的齒輪，祇要一邊動，另一邊必然跟著動之狀態以 ↻↻ 或 ↻↻ 的方式運作，都合於太極陰陽之特質。

由於陰陽具有相互流轉的關係，將以上理論化為實務驗證之後可發現，在一接點上的某一邊做陰時，相對應地同一點的另一邊會有陽的反應，也就是有陰就有陽，陰陽同時、同空地存在。如此一來，運用於太極拳上不僅大幅縮短了運作空間，更使速度加快、勁道加大。

由人間萬象萬物上看，汽車、機車的發動是透過鎖匙的旋動，將陰陽兩極接通而產生動力。飛彈、火箭、飛機的飛行，皆為尾部的火焰及渦輪引擎產生的噴氣連續進行，否則會失速而墜毀。重型火砲要先架設撐在地上的砲架，當發射時纔能承受強大的後座力。以及重型工程車要吊起笨重機具物料前，先拉下支撐的腳架，使車身穩定。日光燈管的兩頭接上燈座的兩極，纔能發光。壓下開關纔能啟動電腦、電視等家電製品。

當地球的一邊為白天時，另一邊則為黑夜，從地球上看是有著日夜交替，陰消陽長或陽消陰長的

現象，但從地球之外的角度來看，其實地球的日夜、陰陽是同時存在於一個球體上的。地球上的雌雄動物或植物也是同時存在的，譬如人類應是男女同時並存，不是先有女人存在於地球上一段歲月後，然後再孕育出男人來互為消長，如果祇是循環交替的陰消陽長或陽消陰長的現象，地球根本無法孕育出這麼多的動植物。

由以上的太極圖、陰陽互動關係、世間萬象中給了我們兩點很重要的啟示，其一陰陽是同時存在的，因此在做陽的作為時要同步有陰的作為，也就是每一個動作中要有陰陽兩者合而為一的特質，是太極拳所以有別於其他武術的最大特色。其二陰陽要同時啟動接觸在一起纔能產生能量，所以太極圖上的陰陽是連在一起，中間沒有間隙、也沒有鴻溝。

還提示著陰陽作為的「時間」要均等，類似於天干、地支中地支陽起於子時，陰起於午時，子午時之間隔各為十二個小時。以及盤架子要講求均勻，動作時要能「沾連貼隨」及「動急則急應，動緩則緩隨」的說法，都隱含了時間的考量因素在裡面。

太極圖除了具有有以上的特性之外，還有事物的陰陽變化是 S 形的曲線，此 S 形曲線介於陰陽之間，S 形的曲線變化較之直線的直來直往的路徑，有著不

可思議的功能。同時陰陽兩個「空間」區域大小一樣，既提示兩者的地位相等，不可偏廢其一，也不可以偏取其一。

就我個人對太極圖的淺見，太極圖是將宇宙時空的大太極，濃縮爲一個小太極，便於世人觀察了解，設計此圖者可說是絕頂聰明。同時此太極圖蘊含的特質，不僅適用於太極拳，也適用於日常生活中，就看我人能從中悟到多少，而悟字本是吾（我）的心，我心能領悟、參悟、頓悟的越多得的就越多，我相信其中應該還有很多神奇奧妙的學問在裡面，願大家一起努力，抽絲剝繭般一絲一絲、一層一層地剝，一點一點地累積，凝聚智識及接發勁能量。

2-3 理論架構

透過以上種種角度的探討之後，可知太極圖有如電學的正極、負極結構，陰陽係同時共生共存的組合，陰陽的運作是比值相等同時反向運作的結構，陰陽相互之間具有互補、轉換、共生的功能，如同當今全世界各家電製品、車輛、工廠機器、飛機的飛行、通訊、照明等電能的啓動，時時刻刻透過正極、負極的持續接通，產生源源不斷的電力，從而提供了人類進步的現代化生活。也爲太極拳學注入了無限的泉源活力。

經由太極圖的結構與人間萬象的現象，相互比對的歲月中，發掘到的內涵，至今有七大項，其中前六大項已轉化爲 2002 年 9 月出版之《陰陽相濟的太極拳》、2005 年 4 月出版之《細說陰陽相濟的太極拳》兩本書的架構內容，第七項內涵則誕生於 2005 年 8 月 27 日夜晚的教學中。現謹就這七大項內涵之理論架構分別加以整理，介紹於下。

一、陰陽權利地位相等

太極圖上陰陽的形狀面積大小一樣，表示陰陽權利、地位相等，又具有「矛盾對立而統一」的特質。因此舉凡移位時各單腳的權利，須同時反向運作，其運作時之長度、力道、時間等，都須力求均等，例如「4 動法及 8 動法之研究」，在均等的情況下，就會產生順暢可用之能量。

又如家電用品、車輛、機器或通訊器材的鑰匙孔或開關內的陰陽極配置，絕對是均等的，啓動時透過鑰匙旋動或壓下開關，才能使其產生電能。

二、上下、前後、左右的同步運行

太極圖上有陰有陽，表示同時反向運作之空間有上下、前後、左右的關係存在，而具有縱、橫、豎的三維空間，也就是立體的結構，並非祇是一個平面太極而已。

又由於有前述「……陰陽同時反向運作時之長度、力道、時間等，都須力求均等……」的關係存在，因此進行「上下」、「前後」或「左右」的運作時須呈現同時、反向、均等的內涵，如小腿與大腿的上下旋轉、左後腳與右前腳的公轉、左手與右手的公轉，或腰部的左右自轉時，其弧度、弧線長度、力道、時間等務必均等！

除了呈現「前後」、「左右」、「上下」縱橫豎的立體太極結構之外，甚至於能同時呈現「上、下、前、後、左、右」的六個方向，以此六向運作同步進行的「六向發射法」，其威力驚人。

三、「矛盾對立而統一」或「陰陽比值相等同時反向運作的結構」

由於陰、陽的運作方式，係同時、反向的關係（如毛巾的對擰、螺旋的上下對旋、沖天炮向上飛火燄向下噴等），形成「矛盾對立而統一」的說法，更進一步可解釋為「陰陽比值相等同時反向運作的結構」。

發勁時，發人者將被發者發出去時，有如大砲發射剎那，砲彈向前疾飛，砲身向後震退，是一樣的道理，應成為　發人者 ← → 被發者 的現象。

四、太極陰陽的形式，可為圓形，亦可為其他形式

1、太極陰陽的形式，除了圓形之外可以是無數的形，如：

  ⑴可為直線（如 ⇆、⇅、← →、→←）

  ⑵可為曲線（如 ↺↻、↺↻）

  ⑶可為螺旋線（如 ▨、▨、∿∿∿、∿∿∿）

  ⑷下為漩渦（ ▽、▽ ），上為龍捲風（ ▽、▽ ）

2、是陰陽相生相長，不是陰陽消長。

3、陰陽在同一空間內二者合而為一，同體存在。

4、沒有圓心，陰陽兩條魚，有如互動的齒輪，祇要一邊動必帶動另一邊跟著動。

五、S形曲線的特質

老子云：「陰不是道，陽不是道，道在陰陽之間」，將此文句對照太極圖結構來觀察「……在陰陽之間」有一S形曲線，此一S形曲線兼具了「陰」與「陽」的組合特性（陰陽極接通而產生能量之特性）；遵循S形曲線的軌跡運行，即有能量的存在，所產生的能量大小，與左右陰陽魚同時運作，所生的能量，有均等正相關的關係。

也告訴我們行進的路線，要儘量採取曲線方式，有如地表上河流的河道都是曲線狀，地球除了繞太陽

公轉之外，自身也不斷地自轉一樣。可知曲線的運動方式，是自然的現象，在正常情況下可產生優於直線運動的效果。而S形的基本功法練習及S形拳架，皆植基於此理念架構之下應運而生的。

六、「陰生陽」或「空中生妙有」

祇作陰不作陽，陽是由陰生的。將自我軀體或對手之來勁力道，仿沙漏的漏沉方式，由足弓洩入大地，並在漏沉的同時，陰、陽是同時在進行著反向等比的作爲，如圖4所示藍線代表「陰沉」，紅色線代表「陽升」。

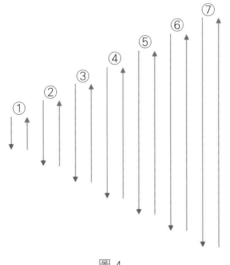

圖4

當下已漏沉（使之透空）到的最高點，即陽勁到達的最高點。例如：當下的漏沉已透空到「腰」，則陽勁自然長到「腰」，又若爲漏沉已透空到「肩」，

則陽勁就會長到「肩」，陽勁所在之刹那空間，即是發放勁力之空間，且有「陰陽同出」、「陰陽同在」、「引進落空」、「通體透空」等現象的顯現。

　　該理論之思維誕生及內涵，我以自行研發的「腳底運行反射勁路圖」，作為參考比較學習之用。

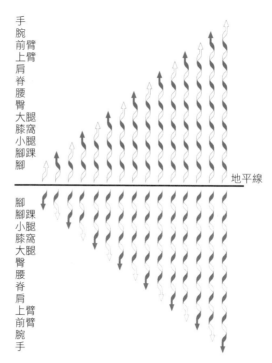

圖 5　腳底運行反射勁路關係圖

※ 圖 4、圖 5 兩圖猛一看好像不一樣，為此特從兩部分加以補充說明：

圖4的每個向下的藍色箭線（陰），係表示沙漏的漏沉，①②③④⑤⑥⑦等各代表「公分」的單位，因此假設沙漏若被漏沉透空的高度爲③，即有3公分高度的（陽－紅色箭線）遞補此透空的空間，或沙漏若被漏沉透空的高度爲⑥，即有6公分高度的「陽」遞補此透空的空間，餘類推。此圖是呈現「陰沉陽升」的相互關係，屬於理論與現象的認知。

　　圖5「腳底運行與反射關係勁路圖」則是將理論化爲實務的呈現，由於人體是實質的存在，實際運作時需依實體狀況，以及腳底與大地的關係列入考慮，因此以「地平線」作爲基礎線。

　　例如：由腳底開始旋漏沉入大地，一路被漏沉透空的部位爲「縱座標」上的第3個部位「小腿」，漏沉到「地平線」以下到達小腿的長度（即深度）時，「陽」的能量即反射或反映於「地平線」以上人體小腿的部位；若漏沉到「地平線」以下達「肩」的長度時，「陽」的能量（地力）即反射或反映於「地平線」以上人體肩的部位，其餘類推。

　　4、5兩圖，由於一爲抽象推理，一爲實務運作，圖示似有不同，其實其內涵是完全相同的，願各位同好都能看得懂。

七、「陰將盡陽已出，陽將盡陰已出」

在圖 ☯ 中先由右上方的陽魚觀察，當陽魚尚未到達最底點時，左下方的陰魚尾（約在陽的作為達到80%～90%左右）已開始啟動；再由左下方的陰魚觀察，當陰魚尚未到達最底點時，右上方的陽魚尾（約在陰的作為達到80%～90%左右）也一樣地開始啟動。

有如四季氣候的轉變為例，上一季轉入下一季時，上一季並非驟然地結束，下一季也並非驟然地開始，而是上一季漸漸終止前，下一季的現象已漸漸地活絡起來，這是自然界的自然現象。

俗語常說「順其自然」，凡事能順其自然則最自然！將此自然現象轉為太極拳的陰陽運作，表示不可先純陰然後再純陽；若為先純陰然後再純陽，則其弊病，一為陰的極點是落點、也是定點，易為對手勁力所追；二為反應時間遲滯；三為起陽勁時易為對手聽勁。因此陰、陽不可做盡、做絕，應該是「陰將盡須出陽，陽將盡須回陰」！

除了上述氣候的變化現象之外，如圖6接力賽時，藍色代表先行者，紅色代表後繼者，①的跑者將要遞棒給②的接棒者之際，②可在接棒區內，先向後移動去接棒，接棒後即可迅速往前衝刺，其餘類推。也類

似於前後事項之間總會有一個銜接的區段，在後一事項正式開始之前的「前置作業」一樣，有著陰陽的轉換區段與時間。也可以說太極圖所以不會形成 ◐ 、◖ 、⬒ 或 ⬓ ，以直線截然對分的深層含意，否則就不符「自然」運行之理。這個陰陽的轉換區段與時間，是在 2005 年 8 月 27 日夜晚的教學中頓悟出來的。將此理念和道理轉入太極拳的運作中，可展現另一個奇妙而別緻的境界與風貌。

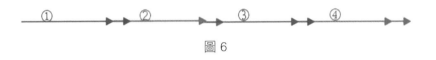

圖6

太極陰陽的內涵，我已作了以上七大項的介紹，至於何年何月何日或有第八項、第九項的發現，我不知道！但我已盡量將我的心得轉化為文字、轉化為理論、也轉化為太極勁法的實務呈現。

2-4 陰陽相濟的內涵

清楚太極是「陰陽比值相等同時反向運作之結構」的道理後，秉此理路，初期重視認識「陰陽相濟」的道理與訓練，中期偏重「陰陽相濟」操作能力的檢視，後期能將「陰陽相濟」的理念，內化為直接反射的慣性作為。一舉手一投足之際，處處、時時都能透出經由陰陽相濟結構所呈現出來的能量、神韻。「陰陽相

濟」的理念，自始至終都擺在第一位。

在這樣的理念之下，勢需面對一個嚴謹的問題，那就是實務上可以實現嗎？我也曾自問「辦的到嗎」？要用甚麼方法達此效果？ 所幸皇天不負苦心人，經過無數歲月的煎熬、探索、驗證，這個難題已被有效解決。理念可以由實務呈現，理論與實務相輔相成而相得益彰！

太極陰陽係共生共存，而爲陰陽同出、陰陽同在的現象。其運作方式是比值相等、卻又反向地統合在同一個動作、同一個時間中（矛盾對立而統「一」），且能展現「同時間同空間」的接發勁效果。

太極並不一定是一個圓形，除了圓形之外可以是多元無數的形。是陰陽相生相長，不是陰陽消長。陰陽存在於同一結構體中，陰陽在同一空間下，陰中有陽，陽中有陰。

沒有圓心，陰陽兩條魚有如互動的齒輪，陰魚動陽魚必跟著動，陽魚動陰魚也必跟動，每一個動作中皆包含陰陽兩動在一起，是二而一，即拳論所謂「一處有一處虛實，處處總此一虛實」之作爲，因此，在實務中不須左右手、左右腰對換，動作時間縮短，破敵時間加快，各接點（搭點）可單獨接勁發勁，各接

點都是一個太極，同一時刻有無數接點即有無數太極，接戰時是以多數太極面對對手的單陽。

人體是透過各項運作實現以上思維效果的載體，因此無論是「由下而上」或「由內而外」的動作功法、訓練內容，都必須爲滿足「陰陽相濟」思維效果，又經得起科學驗證而設計。

2－5　陰陽相濟的多元空間

陰陽相濟太極拳的修行，除了自我基本功的練習，盤架的運行時，在地平面空間時的一舉手一投足之際，是否能知曉當下體內的陰陽配比？穿旋入地的垂直軸訓練後，每一腳落地時，是否能知曉當下腳下深度及地面上體內陽的高度？

當行有餘力之後，進行雙人推手或接發勁等的練習，此際陰陽相濟的空間就要提升爲，是否能懂得自身及對手身上勁的源頭、勁的流動、勁的落點？當下能懂得自我身上的陰陽配比？當下能懂得對手體內的陰陽配比？能清楚了解雙方相搭之際，與對手相互之間所形成的陰陽結構狀態？是否具有與對手相搭之際轉換陰陽、因應對手變化而快速變化的能力？

提出以上的問題思考，是有兩個理由，一者是有

體（太極之體）斯有用，因體若不存在，如何談用？二者是王宗岳說：「陽不離陰，陰不離陽，陰陽相濟，方爲懂勁」，這兩項在接發勁的練習時必然會遇到的，所以特別提出來。

2-6 「一處有一處虛實、處處總此一虛實」的認知

這句話一般教師或學習者多以手、腳分清虛實來解釋、來看待，其實這種解釋是錯誤的！

爲甚麼？因這句話若爲「一處有一處虛，一處有一處實、處處總此一虛、處處總此一實」的寫法，纔能說是「分清虛實」。

原文的「一處有一處虛實、處處總此一虛實」這句話，擴大一些來看就是「每一處有每一處的虛實，每一處都離不開此一虛實」之意，即對方觸及我方之手時，我手部搭點處就要形成一個太極，對方爲陽放我方爲陰收。若搭在我方其他部位，我方其他部位也都形成太極。即有三、四個搭點，就有三、四個太極的形成（圖7、圖8）。

再者若由我方搭在對方身上時，與對方每一個搭點處也都要形成一個太極，又因有陰收的作爲，對方

三個接搭點三個太極　　　　四個接搭點四個太極

圖7　　　　　　　　　　　　圖8

的陽能已被消化或轉化，失去繼續前進攻擊能力之
際，搭點處就是我方出擊的時間及發勁點，而臻同一
時間同一空間「化是打、打是化」的效果。

　　總之「一處有一處虛實、處處總此一虛實」是更
高層次的思維、更高層次的功夫，千萬不要將「一處
有一處虛實、處處總此一虛實」落入一腳為實，一腳
為虛的框框內。

2-7 「虛實分清」的看法

　　這句話部分人們都認為應該一腳為實、一腳為虛，
一手為實另一手則為虛，這樣的看法未免太簡單化
啦。

若將「虛實分清」作爲一腳爲實一腳爲虛的解釋，那外家拳各門各派何嘗沒有虛實分清的問題與學習？也就是說，虛實分清不應是太極拳的特質或要領。例如外家拳的腿術中若沒有穩定的一隻實腳，另一腳能起腳踢出？若單一實腳是最好的道理，上天何必賜給人類兩隻腳？又若祇是這麼簡單的道理，前輩們何必提出這句話？

　　我所以認爲未免太簡單化的理由，因在張三丰太極拳拳經中的用語爲「……虛實宜分清楚……」，並非「……一腳爲實、一腳爲虛……」，同時虛實宜分清楚的後語接著爲「一處有一處虛實、處處總此一虛實」，若爲「……一腳爲實、一腳爲虛」的說法，則無法與「一處有一處虛實、處處總此一虛實」串聯一氣。又在王宗岳太極拳拳論中的用語爲「……陽不離陰，陰不離陽，陰陽相濟，方爲懂勁……」，以及清代陳鑫的拳論中有「……五陰五陽是妙手……」的說法，再次可見陽中有陰，陰中有陽的說法，並非陰陽分離的。

　　太極圖爲陰陽連在一起，中間沒有鴻溝。不是前一腳爲陰，後一腳爲陽或左腳爲陰，右腳爲陽，分離的陰陽。也就是前後腳分離，左右腳分離的狀態，不屬於太極陰陽的範圍。

道理很簡單，那就是外家拳也有前後腳分離，左右腳分離的狀態，卻沒有人說外家拳也是太極拳，而會外家拳的人也沒有人肯說，他們的拳就是太極拳！

　　拳名「太極」就與太極有關，太極應與太極圖有關，而太極圖又與兩件事有關，那就是陰陽，陰陽要同在纏能陰陽相濟，就我的認知，太極陰陽牽涉到四個問題：

一、是牽涉到時間問題，見「接勁發勁的速度訓練」，作陰作陽的時間要相等。

二、是牽涉到地位相等問題，陰陽份量要相當，譬如張三丰的「有上則有下，有前則有後有左則有右」，清代陳鑫拳譜中的「……五陰五陽是妙手……」，都有陰陽地位相等的見解。

三、是牽涉到能量的產生問題，譬如美國的航太總署為了將太空梭送入太空，而設計了巨大的燃料箱，作為動力的來源，始能有強大的後噴推力，以產生強大的前進力量。陰的通路與陽的通路一樣粗細的養成或意念導引，是必須考慮的問題。

四、是牽涉到能量傳輸問題，見「接勁發勁的速度訓練」，譬如依來勁力道抽卸於腳底，要與發陽勁於上方的能量相等。以及是由①自我前方傳輸勁力、由②自我後方傳輸勁力、由③對手的身後傳輸勁力的模式進行的（見8-5）？

以上例舉，說明了陰陽相輔相成比值相等的互動關係，陰陽各有其功能性與價值性，太極圖並沒昭示我們天地道理是一者為一百、一者為零的狀態，若如此太極圖應該是全黑或全白的。怎會是黑白各占一半？

雖然白紙黑字，字字躍然紙上，但它並不是片面的字義，字字句句都是前輩們具有武功心得後轉化為字句的，由武功立場來解說的。「虛實分清」四個字蘊含了整個太極圖的奧妙，所以虛實分清的研討應放在太極圖的領域上剖析，不宜從文字的表面上加以解釋。也可以說將虛實分清擺在一腳為實一腳為虛的層面上，是搞錯方向啦！

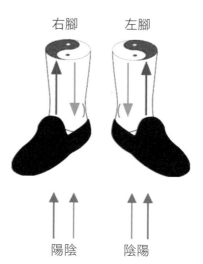

圖 9 雙腳皆為陰陽腳之運作方式

真正的虛實分清之意，是指各腳可自行爲虛實（參見圖 9）之運作，各手可以自行爲陰陽之運作，甚至身體的搭點處也可以自爲陰陽，處處不離陰陽同體存在、陰陽同時存在的境界，要練到處處能感覺的出、能檢驗的出，在接勁或發勁的一刹那間，陰陽同比例地相生相長在一起或陰陽相互組合，能量逐漸增強的效果。

【本章小結語】

　　我的太極拳勁運作，一直依循以上的太極理論架構，尤其陰陽同在的「陰陽相濟」、「陰陽比值相等同時反向運作之結構」更是我向來運作的核心。

太極拳勁法 林氏結構

第三章 林氏結構之二 生理結構

人體由下而上計有腳、踝、小腿、膝窩（我以膝窩取代膝蓋）、大腿、胯、臀、腰、背、夾脊、後肩、上臂、手肘、前臂、手等關節部位。每一關節部位之運作內容或方式，都必須細細思量、驗證與取捨，進而形成由下而上節節貫串，既合於陰陽相濟的道理，又能組成強大勁力之通路結構。

在我的太極拳勁學習及研發的歲月中，深深體驗認識到人體上各關節部位，蘊含有特殊的功能及能量，依循勁流、放箭之理，提煉出各關節部位的操作方式，可展現當下純以能量發射，而不依賴招式化解的接戰需求。

每一關節部位之運作內容或方式，都經過細細思量、驗證與取捨，進而形成由下而上節節貫串，內外結合，既合乎陰陽相濟的道理，又能組成強大勁力之通路結構。

以下就是為實現此理想，歷經體驗、淬鍊而彙整，達到渾身各關節部位，既能獨立接戰，又能與其他關節部位進行統合作戰的豐富內容。

生理結構涉及的部位關節非常多，有單一關節部位的運使，也有多關節部位的組合運作，內容量大，有廣度也有深度，不是三言兩語能說的清楚講的明白，因此特依下盤、中盤、上盤分為三部分，分述生理結構的有關問題。

【下盤】

3-1　足弓

一、「站」進先機

「站」在後跟，既無承受力，也無接發勁能力；「站」在湧泉，稍有承受力，卻無接發勁能力；「站」在腳心（為腳底板「足弓」位置），重心在足弓，接勁時將來勁力道由足弓下沉，有如擠出「吸盤」中的空氣，使腳底板四方鬆開的同時，腳底板似吸盤「吸」住大地，使穩定度提升，承受力加大；接著將下沉的足弓向上放開即是發勁能量。

平時常使腳底感覺重心鬆沉於「足弓」，腳底板

落地的一刹那有足弓貼地的感覺；與同好對練或接戰時，也必須將「站在腳心」的前置作業作好，屆時戰鬥能力已「占盡先機」。取其諧音亦可稱為「站進先機」！

二、腳下乾坤

腳底板是行走、移位換形、承載全身重量的部位，就太極拳拳譜中的記載或一般人提到的，腳底板的重點部位可分為「腳趾」、「湧泉」及「腳跟」三個部分。由「腳趾」的運用產生了「五趾抓地」的運作方式。便於行氣的關係產生了「湧泉」的運作方式。為了蹬地以生反作用力產生了「腳跟」的運作方式。這三個部分都有其功能面，在各拳種中也有著不同的提示與詮釋。然而「足弓」的運作，卻幾乎沒被提及，這個重要的部分，個人以為，在太極拳及太極勁法的運作中應該被重視。

依我多年的實作驗證，在動作運行中，若以「五趾抓地」的方式運作，無異以力量向大地相抗衡，大地回以抗力，勁力反而無法沉入大地，縱然感覺很有勁力，其實祇是在地表面的力道而已。若將全身重量落在「湧泉」上，勢必為屈膝狀態，然而在屈膝狀態下容易產生膝關節受傷的機會，以及屈膝關係使勁力難以下沉的缺點（試從流水中的塑膠水管的任何一部位將水管打個折，則出水口的流量隨即縮小，道理是

一樣的）。若將全身重量落在「後跟」，既無承受力，也無接勁能力。若以「足弓」運作，其效果則與以上所提的運作效果截然不同。

「足弓」近於腳底板中央（腳心），除可平均支撐全身重量，分散壓力外，更具有彈性及吸震的能力。同時重心落在足弓，全腳底板易於四平八穩，身體容易垂直，勁力傳輸的直通性佳。又由於足弓具有彈性空間（壓縮空間），當來勁力道經由接點導入足弓下之際，有如擠出「足弓」吸盤中的空氣，使腳底板向四方鬆開的同時，腳底板似吸盤「吸」住大地，使穩定度提升，承受力加大，反擊的能量相對增強。

因此平時站立時常使腳底感覺重心鬆沉於「足弓」下，步行走路時腳底板落地的一剎那，全身重力即由足弓沉入大地之下，是我所提「漏沉」之沙漏漏口，也是我的太極拳及太極勁法具體運作的重要結構之一；與同好對練或接戰時，隨時將「站在足弓」的前置作業作好，屆時戰鬥能力可占盡先機，從而知曉腳下乾坤！

三、與大地的聯繫

地載萬物，地力無限，若能引動地力的億萬分之一，其能量絕對大於人體丹田或拳腳運作的能量，而人體與大地聯繫的關口是足弓，由此關口穿旋而下，

就能引地力為我人所用！

四、湧泉、足弓、腳跟位置圖

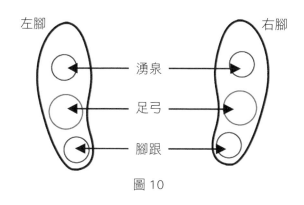

左腳　　　　　　　　　　　　　　右腳

湧泉

足弓

腳跟

圖 10

3-2　腳踝

　　腳踝是腳底板與小腿之間的旋動樞紐，具有「承」上啟下，「轉」動靈活，與他部位「合」而共存等功能。

　　腳踝的運作方式，宜與足弓成反向的運轉為宜。若站在右前腳，則以右足弓向右後下方穿旋而下之際，腳踝同步向左前下方穿旋而下；若站在左後腳，則以左足弓向左後下方穿旋而下之際，腳踝同步向右前下方穿旋而下。

　　由上向下看，其形有如汽車駕駛盤的運動方式。當右手向右下方旋動駕駛盤時（足弓），左手方位的駕駛盤同時向左上方旋轉（腳踝）；左手向左下方旋

動駕駛盤時（足弓），右手方位的駕駛盤同時向左上方旋轉（腳踝）。

在以上運作的同時，足弓與腳踝的弧形、弧形長度及能量的給予，力求相等，且為反向運作，而為「陰陽比值相等同時反向運作的結構」，在我書上另為垂直軸的「雙環轉」訓練階段。

多試練向前、向後、向左、向右時，足弓與腳踝同步運作之能力，並在移位的過程中，多體會「腳踝」旋扭的程度與方向，解除或放鬆（反旋或折疊）此旋扭的作為，即是拳架運行的動能來源及拳架招式形成的基礎。

在進行足弓與腳踝的雙環轉作方式，使產生上升的陽能向另一腳推移，另一腳一樣以足弓與腳踝的雙環轉方式接引入大地，待由大地回饋以可用之能量，上升為拳架運行之動力，要大於純由腳底板運作之能量。

足弓與腳踝同步相互旋扭的扭力，除了可提供拳架運行的動能，拳架招式形成的基礎，還可提供微量的發勁能量。

3-3 膝窩

一、膝窩（膝膕）的訓練

膝窩是小腿與大腿之間的旋動樞紐，以膝窩取代膝蓋，可避開膝關節的傷害，且有維持垂直軸運作穩定，產生強大勁力，以及接勁順暢的優點。

膝窩的初階運作，在靜態下，以意帶動，由膝窩向膝蓋方向前行一條勁路線，經 4 ～ 5 英寸空間到膝蓋頭位置時，繼續前行順勢推移膝蓋向前；也就是以膝窩取代膝蓋，動力由後向前挺進，而非慣性地由膝蓋動起。如此運作，對手難以聽勁，不傷自我膝蓋，且易破壞對手根部。

在拳架運行中，向前移位時，當前腳的膝窩感受到後腳的來力，即由膝窩引入前腳底繼續移向前腳的定位點。若向後移位，當後腳的膝窩感受到前腳的來力，即由後腳膝窩以弧形方式引入腳底，繼續移向後腳的定位點，均可產生相當可觀的效果。

膝窩的進階運作，雙腳膝窩運作由後向前移之際，意念放在膝窩，由膝窩同時向下（陰）向前（陽）運行，可產生陰陽組合力，其勁力比初階運作更強

大，對手的椿步通常都難以承受。

二、膝窩運作及圖示

1. 單純的陽出：

已陳述於上，以膝窩取代膝蓋的運作。

2. 陰陽同出：

膝窩同時向下（陰）向前（陽）運行，可產生
陰陽組合力（圖 11）。

圖 11

三、與垂直軸訓練並行

膝窩的運作，除了以上兩種方式之外，還可以與
足弓、腳踝同步運作，形成鑽地通天「立體三環轉」
的垂直軸高階訓練法（下面另有說明）。

立體三環轉係以足弓、腳踝、膝窩一個部位兩個
關節，同步運作的操練方式，運作時足弓與腳踝膝窩
為反方向旋轉關係，即重心若在右腳，則足弓向右後
下方穿旋入地的同時，右腳的腳踝和膝窩同步向左前

下方穿旋入地；若重心在左腳，則足弓向左後下方穿旋入地的同時，左腳的腳踝和膝窩同步向右前下方也穿旋入地。

在三條向大地穿旋而下，陸續運作越穿越深之陰沉勁力線的同時，纏繞而上升陽的勁力線，會經大腿、臀、腰、背、夾脊、後肩、手臂，到達手腕、手指，為我人所用。

四、善待您身上的寶貝

以「膝窩為主動、膝蓋為被動」，在步行、移位及接發勁過程中都袛用膝窩，行之日久則自然取代了膝蓋。減少了膝蓋的負荷之外，接發勁的效果也比用膝蓋運作強的太多！

具有特殊及強大功能的人體關節部位，千百年來幾乎不被人們所垂愛，不被武術界所器重，被人們封鎖在折彎的陰暗空間裡，彷如「亞細亞的孤兒」！

膝窩在我身上已被提升到重要位

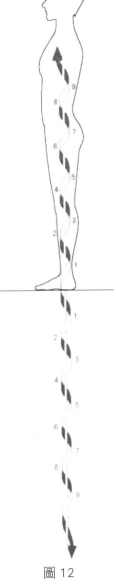

圖 12
垂直軸訓練（圖示）

階，步入了光明面，有了發揮空間，相對地也賜給我漂亮的武功能量！

因研發有成，已寫入書本中，在此向所有有緣人推介，善待早已在各位身上共生共存了無數歲月的寶貝！

3－4　垂直軸訓練—站樁之外的腳下功夫訓練

一、前言

站樁乃修練拳術攻防之道的基礎功夫，是各門派武術必需的功力訓練，使兩腳有力，穩如泰山，功架腰馬合一，練拳就有基礎了，對於武功的進展很有助益。

站好了樁，可快速形成武術所需要的身體結構的訓練；可以在形體近於靜態的情況下，訓練意識及意識對身體的控制；可增強下肢的支撐力，並且鍛鍊內部氣息；可使弱者轉爲強，拙者化爲靈的換勁效果……

站樁是具有相當的價值，然而世上對於腳下功夫，甚至於身體內部氣勁的訓練，它是惟一的最好的途徑？

二、垂直軸訓練

1. 緣起

有感於訓練的艱苦（雙腿痛苦，酸酸難忍）、耗時（幾十分鐘，甚至 1、2 小時枯站的耗費），乏味⋯⋯。又觀察人人都以身體直立式為最輕鬆自然的姿態，也是沉落全身重力於大地最好的角度。經測試身體在單垂直腳情況下，對於來勁力道的承載力，幾乎等同於體態為弓箭步時的承載力，於是在單垂直腳可單獨承接來勁力道情況下，空出了一隻可隨意發揮的伏兵。

2. 訓練的目的

左右單垂直腳，各經「下上同步」長久練習後，「陰」、「陽」同時反向操作的概念及能力，被有效培養。陰陽相濟的道理由實作中獲得，「陰陽同出」、「陰陽同在」的道理，落實在垂直軸訓練中。彷彿槍管的打造，將槍管打通，同時磨出了來福線。槍管既通，來福線也已存在，發勁時除了勁力流動順暢之外，還有來福線旋動的助力，更增加了破壞力。

3. 訓練的方式

未移位之前，身體重量由肩、胯垂直沉墜入腳底，而不是經由大腿、膝蓋、小腿再到腳底的。

移位時身體的推移，絕對迴避上盤肩出或中盤腰出的問題，係由下盤以向左、向右、向前或向後地運行。單腳垂直旋轉時，務必維持原垂直軸心的垂直度，不使軸心有偏移的情況發生。

實務上垂直軸的訓練，是進入我所研發的太極拳勁殿堂的核心功法。剛開始是單一腳單旋的「垂直軸」練習，接著另一腳的練習，慢慢地進入雙環轉的「垂直軸」練習，再進入立體三環轉的「垂直軸」練習，使雙腳都有垂直軸操作能力。訓練內容及流程如下。

（1）單環轉的訓練

此階段純為腳底板「足弓」的旋動練習，要注意的是在旋動過程中，都要能保持垂直而無偏移或偏斜的狀態。旋動時是取足弓圓圈（約 50 元銅幣大小）的 1/10 圈（約 1 公分），每一次旋動均為 1/10 圈向大地穿旋而下（不是純在地平面的旋動），不需強力，而為微力、自然、順暢、輕快地運作。其訓練方式如下：

第一次足弓如螺旋般向大地下旋動，腳踝有被反向穿旋而上的感覺。

第二次足弓如螺旋般向下繼續旋動，小腿有被由腳踝持續旋動穿旋而上到小腿的

感覺。

第三次足弓如螺旋般向下繼續旋動，膝窩有被由小腿持續旋動穿旋而上到膝窩的感覺。

第四次足弓如螺旋般向下繼續旋動，大腿有被由膝窩持續旋動穿旋而上到大腿的感覺。

第五次足弓如螺旋般向下繼續旋動，臀部有被由大腿持續旋動穿旋而上到臀部的感覺。

第六次足弓如螺旋般向下繼續旋動，腰部有被由臀部持續旋動穿旋而上到腰部的感覺。

第七次足弓如螺旋般向下繼續旋動，背部有被由腰部持續旋動穿旋而上到背部的感覺。

第八次足弓如螺旋般向下繼續旋動，夾脊有被由背部持續旋動穿旋而上到夾脊的感覺。

第九次足弓如螺旋般向下繼續旋動，後肩有被由夾脊持續旋動穿旋而上到後肩的感覺。

每次旋動的深度約為 1 公分，單一腳練完，再由下盤移位到另一腳，另一腳接著練，如此週而復始地練習。內在感覺越來越

好，動作越來越順暢之後，轉為「雙環轉」練習。

（2）雙環轉的訓練

是由「足弓＋腳踝」的兩環反向旋動訓練，有如汽車駕駛盤的右手（腳底）向右下方牽引，駕駛盤的左手（腳踝）同步向左上方旋轉的訓練方式。其訓練方式如下：

第一次足弓及腳踝如螺旋般向下反向旋動，小腿有被旋動穿旋而上的感覺。

第二次足弓及腳踝如螺旋般向下反向旋動，膝窩有被由小腿持續旋動穿旋而上的感覺。

第三次足弓及腳踝如螺旋般向下反向旋動，大腿有被由膝窩持續旋動穿旋而上的感覺。

第四次足弓及腳踝如螺旋般向下反向旋動，臀部有被由大腿持續旋動穿旋而上的感覺。

第五次足弓及腳踝如螺旋般向下反向旋動，腰部有被由臀部持續旋動穿旋而上的感覺。

第六次足弓及腳踝如螺旋般向下反向旋動，背部有被由腰部持續旋動穿旋而上的感覺。

第七次足弓及腳踝如螺旋般向下反向旋動，夾脊有被由背部持續旋動穿旋而上的感覺。

　　第八次足弓及腳踝如螺旋般向下反向旋動，後肩有被由夾脊持續旋動穿旋而上的感覺。

圖 13　　　　　　　　圖 14

　　如由左腳開始，則左腳足弓外側向左後下方及腳踝內側向左前下方，同時向下旋動約 1 公分，每次相同；如由右腳開始，則為方向相反之旋動。某單一腳練習完，由下盤移位到另一腳，另一腳接著練習，如此週而復始地練習。內在感覺越來越好，動作越來越順暢之後，轉為「立體三環轉」練習。

（3）立體三環轉的訓練

　　「立體三環轉」是指「足弓＋腳踝＋膝窩」三者同時運作下，形成勁力上升到大腿外側之結構狀態。小腿及大腿有如擰毛巾狀，上下相互擰轉產生能量的效果。能量比

「雙環轉」還大。

　　假設由右腳開始，則右腳足弓外側右下旋、腳踝內側左下旋、膝窩內側左下旋，三者同時下旋（腳踝和膝窩同向運作，與足弓反向運作）。左右腳練習時分開練。

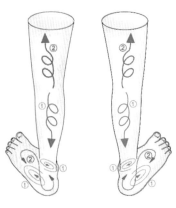

圖 15　　　　圖 16

　　立體雙環轉的操作可形成螺旋的腿柱，其順序為：

　　第一次「立體三環轉」，旋動勁力到大腿。

　　第二次「立體三環轉」，旋動勁力到臀部。

　　第三次「立體三環轉」，旋動勁力到腰部。

　　第四次「立體三環轉」，旋動勁力到背部。

第五次「立體三環轉」，旋動勁力到夾脊。

第六次「立體三環轉」，旋動勁力到後肩。

（4）垂直軸訓練需留意的問題

由腳底旋動後的持續能量用「意」引導其上升，先旋動小腿，接著旋動大腿，形成腿柱的旋動狀態。旋動時初期為骨骼肌肉一起旋動，經日積月累的練習，由大圈、中圈、小圈或無圈時，逐漸進入軸心旋轉位置。

在腿柱的旋動狀態下，要特別留意垂直軸的穩定度以及上升的能量由腳→小腿→大腿的流程。也就是腳底旋動之後纏能旋動到小腿，小腿旋動之後纏能旋動到大腿，以至於→腰→背→夾脊→肩→臂→手→指，未旋動到的關節部位盡量不要動，每一動都要用心感覺、用心檢查。

以上「單環轉」、「雙環轉」、「立體三環轉」之垂直軸訓練，有如在人體內鋪設了兩條高速公路，讓左右邊的來勁力道可以上下往返，接發勁有了順暢的通路。

當以上之三種轉法都已熟悉，或已將「立體三環轉」之垂直軸運作成為慣性後，接著再加貫通上臂、手肘、前臂、手腕、手指的五個關節部位的垂直軸下上各加五次的訓練，串聯由腳底到手指成為一條順暢通路的效果。

此訓練功法看似很複雜，其實訓練上很簡單，每天早晚各練一次，雙腳左右交替單腳練習，每次練 10 分鐘～ 20 分鐘足矣，先練單環轉約兩個月，接著練雙環轉兩個月，再進入立體三環轉的長久練習，不中斷約練一年，可見成效。深度在持續修練的歲月中日漸增長。

5、垂直軸訓練的價值

約 1 年時間即可見沉勁入地的功效，達到省時效果；能養成由腳底足弓起動的慣性；陰陽相濟的道理由實作中獲得；陰陽同時反向操作的概念及能力，被有效培養；易於借到地力。以上簡列其具代表性的，其他價值還很多。

6、與足弓、腳踝、委中穴的關係

在單環轉的訓練中，以足弓為運作中心，取得了足弓構造具有避震、彈性的作用，可以吸收衝擊力，分散重量，幫助身體完成站立、走路、跑步等動作。以及重心落在足弓，全腳底板易於四平八穩，身體容易垂直，勁力傳輸的直通性佳。當來勁力道經由接點導入足弓下之際，有如擠出「足弓」吸盤中的空氣，使腳底板向四方鬆開的同時，腳底板似吸盤「吸」住大地，使穩定度提升，承受力加大，反擊的能量相對增強的優點。

在雙環轉的訓練中，以足弓與腳踝的合作之下，既取得足弓的優點之外，又取得紓解高血壓症狀，還能夠促進全身血液循環，增加回心血量，從而起到保護心臟，預防中風等作用的優點。

在立體三環轉的訓練中，以足弓、腳踝膝窩（委中穴）的同步運作之下，除了以上足弓及腳踝所提的好處之外，又再啟動了委中穴所帶來，可治腰腿酸麻痛及下肢痿痺、膝筋緊硬或攣急，腳軟弱無力等各癥狀的優點（參見 P85 頁圖）。

立體透視圖

垂直軸訓練

【垂直軸訓練小結語】

　　垂直軸訓練功法，我在 2003 年就已開發完成，在開發的初期，還不了解深層效益，後經網路上「足弓的認識」、「腳踝的認識」及「委中穴的認識」的介紹，其內涵居然與我的「單環轉」、「雙環轉」、「立體三環轉」三個關節部位的運用，處處對位，不

謀而合；「單環轉」、「雙環轉」、「立體三環轉」
的訓練，可賜予吾人拳勁功夫，「足弓」、「腳踝」、
「委中穴」的運動又能為我們帶來健康的利益。

　　腳腿的垂直軸訓練，剛開始的歲月，是各腳單獨
訓練，當左右腳運作方法及習慣被建立之後，既能在
靜態中或動態中都能運作，動步中時時有根、步步有
根（活步根），又能進行雙腳同時併行的作業能力時，
產生之能量非常可觀，因除「人」身軀已具之能量，
又加了「地」力之能量，總能量遠大於「丹田」運作
之能量。

　　垂直軸訓練是我精心研發的核心功法，可取代枯
燥乏味的站樁，方便忙碌生活的現代人武術學習，練
習時間雖短，卻符合陰陽相濟、陰陽同在，自我人體
太極結構的建構，引動大地回饋的地力，並帶給我們
的健康好處，功能極高，值得大家關注。

　　這麼好的功法，若埋沒了，豈不是人類智慧資
產的損失？因此特地大力介紹、呼籲，腳下功夫的訓
練，除了站樁之外，垂直軸的訓練更為人類功夫與健
身兼得，開了方便之門！

3-5 漏沉的訓練

一、思維的誕生

在自我學習中,悟及蹺蹺板運作方式、發人先向自己發,火箭向後噴射火焰而生上升或前進的動力等,顯現合於「反者道之動」的啟示。以及親身體驗到「由陰生陽」與「陰極生陽」的特質,歷經檢測而確認它的效果,進而推出「漏沉」的名詞及訓練方法。

二、練習法

1. 單腳

重心先落在右腳,雙手鬆垂在大腿邊,仿「沙漏」方式,依序以旋動方式垂直腳的足弓、腳踝、小腿、膝窩、大腿、臀、腰、背、夾脊、肩(以上漏沉 時間約為1!2!3!4!或到5!)的範圍,同時由腳底板到肩之間,有如螺旋線似地,由腳底持續向右下方旋動、洩漏身體重力於大地之下。然後重心移到左腳,接著依上述說明,以旋動方式漏沉到肩。由腳底板到肩之間的作為,都有如螺旋線似地,由腳底持續向左下方旋動、洩漏身體重力於大地之下。

2. 同腳同手

重心落在右腳,飄起右手進行右腳右手的練

習，依序漏沉旋動垂直腳的足弓、腳踝、小腿、膝窩、大腿、臀、腰、背、夾脊、肩、上臂、手肘、前臂、腕、手（以上漏沉總時間約為5！的範圍），同時漏沉由腳底板開始，每一次的漏沉約半公分，手即被向後帶回約半公分，有如沙漏逐漸下洩，上層的沙即跟著下降。漏沉到手時，身體高度約下降7~8公分；過程中，手臂向後向上弧線旋翹揚起，由上臂外緣通過後肩，斜插入夾脊，經背、腰、臀、大腿、膝窩、小腿、踝、腳而與大地相連接。接著重心移到左腳，飄起左手，依上述方式進行左腳左手練習。

3. 交叉練法（左腳右手、右腳左手）

左腳在後，右腳在前，飄起右手，由左腳足弓開始旋動漏沉，接著腳踝、小腿、膝窩、大腿、臀、腰、背、右夾脊、右肩、右手上臂、右手肘、右前臂、右腕、右手。

接著改爲右腳在後，左腳在前，飄起左手，由右腳足弓開始旋動漏沉，接著腳踝、小腿、膝窩、大腿、臀、腰、背、左夾脊、左肩、左手上臂、左手肘、左前臂、左腕、左手。

4. 時間縮短的訓練

在以上的練習法下，將時間由1！2！3！4！

5！，逐漸縮減到1！或0.X秒內；身形逐漸上升到自然站立狀態，達到「內動外不動」下，能將手快速揚起的效果。

5、雙腳齊練、雙手揚起

我人在原地或動步接敵時，全身各部位關節的漏沉，經由雙腳同時洩入大地，並隨勢快速（0.X秒內）揚起雙手，由腳下到手上有如掄起兩條鞭子，揚在空中（人不可高起來），與對手搭上即可發勁。

三、實務運作

具備「漏沉」能力之後，其操作方式與過去截然不同。過去多為「由上而下」的接下來，再由上方發出去；「漏沉」是啟動我方的沙漏口（足弓），漏洩自我身體重力的同時，以「意」去漏洩對方身體的勁力，使其勁力漏空，僅存軀殼似的狀態，進而「前發或後引」地破敵，奇妙無比！

實務上有三種運作方式，一種是「靜態遠距運作法」，係雙方搭手後，啟動我方腳底的沙漏口，同時以「意」抽引對方由腳底到手的15個關節部位，經我人身體由手到腳的15個關節部位，漏沉入大地之下，如虹吸原理使對方漏空（見圖17）。

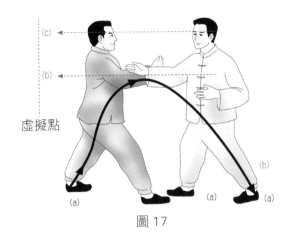

虛擬點

圖 17

　　另一種是「動態遠距運作法」，在雙方相互行進間，以相同於靜態法的方式操作，可得同樣功效。當對手到定位時，以「前發」或「後引」方式加以測試，對手的「根」幾乎已被漏空而不存在。例如：對手向我方步行中，我方原地腳底漏沉運作，可形成成我方身體結構如下變化的現象，即漏沉的越多，我方的重心越沉入底下，相對的，即對方的重心就浮的越高，根浮矣！（圖 18）

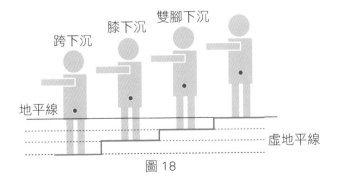

跨下沉　膝下沉　雙腳下沉

地平線

虛地平線

圖 18

再一種是「本體漏沉法」，當對手的手推在我人身上的剎那，以「由下而上」腳底啓動的漏沉方式，使對手勁力經我人「透空」的空間，漏沉入大地之下，以至對手腳底失去立足點，而難以動彈。

以上三種方法之「靜態遠距運作法」爲基本練習之運作法；「動態遠距運作法」適用於未接手狀態下，雙方在相互動步前進的虛擬空間中；「本體漏沉法」適用於身體接觸來勁力道時。

四、練習時機

漏沉是一個「由下而上」的練習法，基本上是在垂直軸的功法練習已熟稔，接發勁已可信手拈來，隨心所欲地有效應敵之後的課題。

五、功能

習之日久，各部位關節漏沉到那裡，陽勁就長到那裡。陰陽相生相長。「陰陽同出」，「陰陽同在」、「通體透空」等現象很眞實地顯現出來。

漏沉的學習，可幫我人培養「放下」、「無爭」的心境，走向「從有練到無」的修爲。久練之餘，全身鬆空的感覺益加明顯，雙手又可隨時如雙鞭揚起，擁有隨興可接可發的能力。

3−6 胯的訓練

胯是腿與上半身體間的連結關卡，我的訓練方法很簡單，即腳的提起時，由實腳胯以內斂方式將腳拎起後才開始。當要跨出或擺放落地時，也是由實腳胯的旋落使另一腳（虛腳）落地的。

所以這麼運作的理由計有
（1）原虛腳既為虛腳，怎有移出的能量使腳跨出？怎能讓虛腳變成有如實腳的操作能力？「虛實分明」豈不是空話？
（2）或許有人會說，那新的實腳要如何產生？由原實腳推移身體到虛腳，不就到位了哦！
（3）如此運作下，原實腳一直保持與大地的連接性，在虛腳跨出或移出的過程中，若有外力的侵入，身體結構不易崩盤。
（4）由原實腳推移身體向虛腳時，實腳為連續的陰沉陽升，新實腳也在陰沉陽升，組合力益形壯大（請見我純加法的移位說明）。虛腳不再是空虛的擺放！

3−7 重力的下沉

重力的下沉方式，可粗分為兩種，第一種方式是由中盤開始下降沉落，第二種方式是由上盤開始下降

沉落。

　　第一種方式是坊間出現最多的方式，重力是直接由中盤下降到大腿經小腿而沉入腳底，這種運作方式會使重力積壓在大腿面及膝蓋上，實務上絕大部分重力無法有效沉入腳底，易生膝關節疼痛之苦。

　　第二種方式是我研發的，重力係由雙肩頭中央經身體上盤，中盤垂直沉落入雙腳足弓下，膝蓋不留重力，祇是通過，自然鬆沉，無負荷就不致受傷。如此調整後，因人體與大地有效連結，由上而下串連一氣，易生整體勁。

3-8 移位的有關問題

一、4 動法、8 動法及 12 動法之研究

1. 動機

　　由「左後腳移位到右前腳」為例，以 1 動方式位移，看似最快，但其中缺乏結構的合理性、太極陰陽的組合性、雙腳運行的互補性、能量的增強性，以及應敵時的變化性等問題的存在，結果是「欲速則不達」，因此才有 4 動法、8 動法及 12 動法之設計，見圖 19。

壹、由左後腳移到右前腳

貳、由左前腳移到右後腳

圖 19

2. 前後腳移位牽涉到的問題

（1）**兩腳權利相等（地位相等）的問題：**

　　從太極圖上陰陽大小相等的關係看，陰陽比做前後腳或左右腳，表示前後腳或左右腳的權利相等（地位相等）之意。以4

動法而論，各腳應各做2動；以8動法而論，各腳應各做4動；在運作過程中，各腳的權利不可被侵害，才是權利相等。

（2）接力棒的問題：

　　推移出去的能量，有如接力棒的傳送。若由左後腳向右前腳推移時，右前腳不可順勢被推走，右前腳若順勢被推移出去。有如徑賽時前手傳送過來的接力棒，後手祇顧自己跑卻不去接接力棒，這樣的跑法是無效的比賽方式。為有效完成比賽，後手必須回過頭來將接力棒接下才行，因此右前腳不僅不可前衝出去，反而須回扣回來與左後腳相呼應，這樣才可能將左後腳傳送過來的能量有效地接到。

（3）陰下陽上之連接性問題：

　　在太極圖上陰陽之間沒有間隙或鴻溝，因此在陰沉陽升之運行過程中，陰陽之間必須密合的銜接，不能有缺口，若有缺口勢必影響勁力的傳輸。

（4）運行速度的問題：

　　由於太極圖告示我人時間及空間反向的相等，以時間而論，向下向上的時間必

須相等，因此不論 4 動法或 8 動法，各動
的運行時間都必須相等。

3. 腳底陰陽運作之認識（含圖示）

（1）起動腳陽出，被動腳陰放

圖 20 從左腳向右腳方向推移（陽），
運行的能量不使超過雙腳膝蓋運行到右
腳，重心隨之沉落於右腳底。在此過程中，
上身隨著左腳的移動而移動，當重心沉落
於右腳底之際，上身之重力也沉落於右腳
底。起動腳單陽出，被動腳為單陰沉的情
況下，雙腳均無陰下陽上之太極結構，無
能量可言，渾身感覺稀鬆無勁。

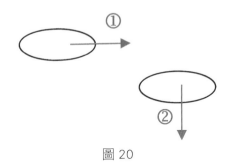

圖 20

（2）後腳陰沉陽升，被動腳陰放

圖 21 左腳先向腳底旋動（陰），腳底
有漸旋漸滿的反作用能量感覺，將此能量感
覺（陽）向右腳方向推移，上身隨著左腳的
移動而移動，當重心沉落於右腳底之際，上
身之重力也沉落於右腳底。起動腳為陰下陽

升之運作，被動腳爲單陰沉的情況下，至少有一腳的太極結構，能量稍強於上列情況。

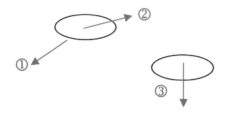

圖 21

（3）後腳陰沉陽升，前腳陰收

　　圖 22 左後腳先向腳底旋動（①陰），腳底漸旋漸滿形成反作用（②陽）的能量，向右前腳方向推移。右前腳則隨左後腳推移過來的能量，作同能量的旋接入右腳底板下，並隨左後腳的繼續推移，使重心、重力垂直沉落於右腳底（③陰）後，並沒由腳底漸旋漸滿的能量反旋上升陽的能量。比（2）稍好，左腳後有陰陽，但右前腳有陰而無陽，結構還不夠完美。

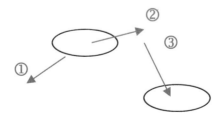

圖 22

（4）後腳陰沉陽升，前腳陰收陽出

　　圖 23 左後腳先向腳底旋動（①陰），腳底漸旋漸滿形成反作用（②陽）的能量，向右前腳方向推移。右前腳則隨左後腳推移過來的能量，作同能量的旋接入右腳底板下，並隨左後腳的繼續推移，使重心、重力垂直沉落於右腳底（③陰），隨即將腳底漸旋漸滿的能量反旋上升（④陽），形成拳架或發勁的能量。比（3）更好，左右腳都有陰陽，左後腳右前腳又有陰陽組合，共有三組太極組合及能量。

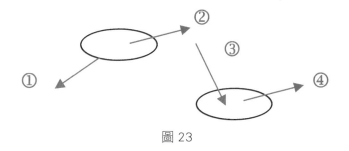

圖 23

二、移位的公式

　　「向前後腳先出、向後前腳先回、向右左腳先移、向左右腳先送」，這是我由實作中體驗的心得，具有「反者道之動」道理存在於反向的空間上的內涵，依此公式您的拳架運行就有不同的感受，運行中既有承載力，也有發射力！

三、一般人之「減加法」或「加減法」

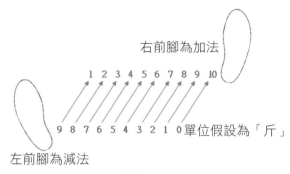

右前腳為加法

1 2 3 4 5 6 7 8 9 10

9 8 7 6 5 4 3 2 1 0 單位假設為「斤」

左前腳為減法

圖 24

　　圖 24 如此運行法顯而易見的最大缺點，是前腳變成全實，後腳變成全虛，以太極圖來看，後腳為全黑（虛－0），前腳為全白（實－10），在下一個動作時，前腳變為全黑，後腳變為全白，請問有這種太極圖？有這種太極之理嗎？太極不是應該陰陽平衡、五陰五陽稱妙手嗎？

四、林氏結構的「純加法」

　　「純加法」的移位法，是在移位中雙腳陰陽連續運作，使能量不斷累加，進而形成強大能量的運作方式。

　　假設（圖 25）由左後腳移向右前腳，我的左後腳先由足弓①下旋 10 斤能量同步將②上升 10 斤的陽能（陰陽同出、反向運作的關係）移向右前腳，右前腳的足弓同步將此③ 10 斤接引入右前腳足弓下，同時④陽升 10 斤成為拳架運行或發勁的動能。

由此運作可見左後腳有①陰沉的 10 斤＋②陽升的 10 斤（第一組陰陽組合），②陽升的 10 斤＋③右前腳的 10 斤陰沉（第二組陰陽組合），接著③右前腳的 10 斤陰沉＋④上升 10 斤的陽能（第三組陰陽組合），又知每組陰陽組合都有能量的產生，那三組的陰陽組合其能量，到了右前腳時其能量是否強於以上「減加法」的能量？

　　例：連續三次的 4 動法圖示

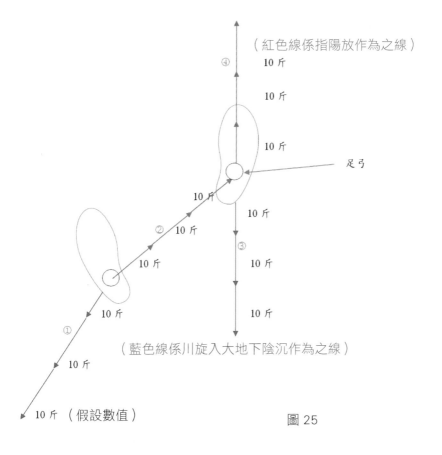

（紅色線係指陽放作為之線）

足弓

（藍色線係川旋入大地下陰沉作為之線）

④ 10 斤
10 斤
10 斤
10 斤
② 10 斤
10 斤
③ 10 斤
10 斤
① 10 斤
10 斤（假設數值）

圖 25

同時左後腳還可持續進行⑤陰沉 10 斤⑥陽升 10 斤，右前腳⑦陰沉 10 斤⑧陽升 10 斤的運作，陰陽組合越來越多，能量越來越強，因此「純加法」絕對優於普遍採行的「減加法」。

假設陰下陽上之數值皆為 10 斤，又假設陰下陽上的運作各腳各為三次，則以「純加法」的移位法為例，由①陰之 30 斤＋②陽之 30 斤＝60 斤（第一組太極能量）加②陽之 30 斤＋③陰之 30 斤＝60 斤（第二組太極能量）再加③陰之 30 斤＋④陽之 30 斤＝60 斤（第三組太極能量），在移位中雙腳能量不斷累加，三組太極的組合能量為 180 斤，要大於「減加法」之 10 斤變化而已。

又若非各腳陰下陽上各為三次的運作，則三組太極之總能量為 60 斤（各組為 20 斤），也比「減加法」之 10 斤變化為大，因此「純加法」絕對優於普遍採行的「減加法」。

在 4 動法的運作下，每個陰下（藍箭線）陽上（紅箭線）之速度、深度（陰）、長度（陽）、運作力道，力求均等（以意運作），同時還要求陰作為（接勁）綿密性、均勻性之運作能力，始有陽作為（發勁）之滲透性、漸進性的實現。

若能微細進行（圖 19）的前行 12 動或後移 12 動的運作，其動能要比 4 動法或 8 動法的能量更加可觀，其理可由下面的陰陽組合一窺究竟。

註：12 動共 11 組太極之說明

①陰＋②陽＝第 1 組太極　⑦陰＋⑧陽＝第 7 組太極
②陽＋③陰＝第 2 組太極　⑧陽＋⑨陰＝第 8 組太極
③陰＋④陽＝第 3 組太極　⑨陰＋⑩陽＝第 9 組太極
④陽＋⑤陰＝第 4 組太極　⑩陽＋⑪陰＝第 10 組太極
⑤陰＋⑥陽＝第 5 組太極　⑪陰＋⑫陽＝第 11 組太極
⑥陽＋⑦陰＝第 6 組太極

【下盤小結語】

　　由腳底足弓、腳踝、膝窩的了解，再賦以三個進階的垂直軸開發與訓練，使腳腿甚至延伸於上身的筋骨肉，都得到了充分的鍛鍊。打通了體內通路，有助於接發勁的進行，且與大地結了不解之緣，既可洩漏對手的勁力於大地之下，也可源源不斷地引動地力，為我人所用。

　　以上有關下盤的認識與開發，既有深度也有突破，以垂直軸訓練取代樁步、以膝窩取代膝蓋、以漏沉取代鬆沉、以純加法取代減加法、以 4 動法取代 1 動法的研發，堪稱經典之作，我的太極拳勁功夫，就深植在此起步的工夫上！

【中盤】

中盤部位約有臀、腰、夾脊、前胸及後背等，一起來看看我在這個部分的驗證心得，值得我們探討學習的問題有那些？

3－9　臀部的溜臀

如果沒有經過溜臀的修習或認知，在作動作時，全身由上而下的重力難以有效洩入大地之下，當對手的來勁力道侵入時，勁力容易困鎖在人體背後的命門區塊。

我對「溜臀」的認知及運作，是以意導引將臀部位的重量，由後向前微幅前旋下沉，經大腿、小腿溜下進入大地之下。經此方式運作後，背部容易形成圓背的狀態，此時面對對手的來勁力道，極易接引到大地之下。

此運作方式一般在重力下沉由中盤起動的情況下，難以實現。在由上盤雙肩頭開始沉落到大地的過程中，加入此作為一起完成，身體上下易構成整體。

3－10　腰為主宰

「腰為主宰」這句話，予人顧名思義的見解，以

腰帶動手、腳是正當的。因此幾乎各本有關太極拳的書籍，幾乎都是腰需先動以帶動四肢的說法，然而以腰動帶動四肢的操作概念，有其缺點存在。

由實證得知，動腰會使勁力僵滯於腰際，勁力的傳輸反而受制。且當我們動腰時所產生的能量，比起不動腰時所產生的能量小，同時傳輸能量的速度慢。也就是說，在不動腰的情況下產生的能量比動腰產生的能量大，傳輸能量的速度也比動腰的速度快。

腰不可亂用、亂動會失去「主宰」的含義。也就是不動到腰，才可主宰上下、主宰整體！腰要隨腳底的傳動而動，隨腿的傳動而動，若以腳、腿、腰三者而論，腰是第三動。另在「由下而上」的勁力旋升過程中，勁力是由腳→腳踝→小腿→膝窩→大腿→臀→腰逐次上升的話，腰為第七動，不是第一動！

拳論「其根在腳，發於腿，主宰於腰，形乎手指」，文句中「由腳」才是重點，若不是重點，前輩們何不直接用「腰為主宰，帶動四肢」的詞句？看問題要從整體下手，細密思考、小心求證！

3－11 夾脊

就我所知一般武術的學習者，多無此關節部位的

認識或訓練，因為每當我教到這裡，順便問詢已學過其他武術的學生時，學生的反應幾乎都是沒學過。

說實在這個關節部位相當重要，因為夾脊是身軀與手臂的連結關卡，想由手臂的接觸將外來的勁力接化到大地之下，它是必經的通路口也是關鍵樞紐，宜下工夫學習。

它的運使大致可分為兩種，第一種是與對手相搭手後，試著將對手的來勁力道，經由手臂牽引到夾脊入榫，再經背、腰、臀、大腿、膝窩、小腿、腳踝、足弓引入大地之下，產生化勁效果的夾脊被動接手法。

第二種是在手臂將上手之際，手臂不給勁力，交由夾脊主動操作旋動帶起手臂的運作方式，稱它為夾脊主動上手法。此法的最大優點是上手之際，已將手臂和身體連結架構好，當雙方接觸剎那，若有需要即可由夾脊發勁。

這條路線就是我負陰抱陽的「負陰」通路。這條通路之順暢與否，夾脊居於關鍵地位。我的心得，在養成武術技擊能力的肢體動作中，不要忽視了夾脊的存在及其運作能力，如能確實操作則有如虎添翼之功效。

3—12　前胸與後背

一、翅膀理論

見前面說明。

二、開合的認識與學習

　　開與合是對立的，是統一的，是相輔相成的。如欲開必有合，有合則有開。開與合概括了太極勁這個統一體中的兩個方面。同時開合的說法有很多種，在此不做全面闡述，僅以胸背的開合，舉例圖示（由上而下鳥瞰圖）說明如下。

　　圖示（胸、背部的運作）

（1）接勁—後合、前開

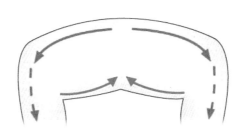

圖 26

後合→將對手來勁力道經上臂向後引向夾
　　　脊（陰收）
前開→雙胸向左右旋開（陽放）

（2）發勁－前合、後開

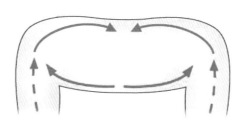

圖 27

前合→左右胸向中央後方旋動（陰收）
後開→由背部向左右旋向前方（陽放）

三、「含胸拔背」與「挺胸抬頭」運作功能比較

「含胸拔背」之作爲是陰接於前方，陽生於後方，如此運作情況下，除了回擊速度慢、承載力弱之外，身帶微縮，極難進行全身各關節部位的對拔拉長；「挺胸抬頭」之作爲是陰接於背後，陽生於前方，既有承載力，也能進行全身各關節部位的對拔拉長作爲，更能產生虛靈頂勁效果，使對手根浮，形成「天地人」的「三才太極拳」，當勁力發放之後，發放者，會有神清氣爽，通體舒暢之感！

【中盤小結語】

溜臀使身體上下易構成整體，「腰為主宰」的新詮釋，「夾脊入榫」的開發及「含胸拔背」的新見解，是否為您帶來新的啟發？

【上盤】

經過以上上盤及中盤有關關節部位，深入淺出的解析之後，接下來是手臂及頭部部分的探討，是否也有奧妙的學問在其間？

3－13　手臂

一、如何上手？

這是一般人幾乎不太會花心思的部分，會想說「手抬起來遞出去」不是嗎？其實學問可大啦！我的心得是以「前臂上手」其效能最差，以「上臂上手」其效能稍強於前臂上手，以「夾脊上手」其效能強於前兩者，以「腳帶手上手」其效能最強！此處之效能是指承受力及發射力。因越接近本體，與本體的連接性越強。

二、不由前臂、手腕或手掌上手之理由

(1) 觀察世人上手的習慣，幾乎都是由前臂、手腕或手掌部位上手，此種上手方式，手臂與身體之間的關係中斷，變成手是手，身體是身體，並不產生連結關係。

(2) 觀察工程車工作臂前的抓斗，在要挖、鏟大地或物件時，是抓斗自行去挖去鏟？不是！是由

駛駛台的駕駛經機械操作，由工作臂空間才傳動到抓斗的，也就是前方的工作效能是由後方傳遞的。

(3) 同理，人體之上手是否也應循此軌跡才合理？也就是若用手臂，其運動流程應為上臂→手肘→前臂→手腕→手掌。若為由腰動起則為腰→背→夾脊→上臂→手肘→前臂→手→手掌。若為由腳動起，則其流程應為足弓→腳踝→小腿→膝窩→大腿→臀→腰→背→夾脊→上臂→手肘→前臂→手腕→手掌。前臂、手腕、手掌永遠是最後才輪到。君若不信，可試著手掌、手腕、前臂先上，與上臂→手肘→前臂→手腕→手掌，方式上手，其承受力及出擊力，功效當下立判！

三、腳帶手、腳接手、腳發手的訓練（由上例道理所悟得）

凡有動手皆由腳先向大地下旋，形成勁力帶起全手臂，當手臂感應到對手的來勁力道時，即由腳底足弓抽接手臂接點上之來勁力道於腳底，隨即由腳底將勁力向手臂上之接點發送。多做練習，以求熟稔。

四、勁流的考量

手臂的勁力前行運送，儘量由腳底、夾脊或上臂運送，少用手掌拳頭先行。若由手掌拳頭先行，對手

感應強烈，易於規避或採相應作爲。

五、上臂的肱

「肱」向內旋將手帶起，有助於氣到丹田，不易使氣上浮，還使腋下有了如拳頭大小的空間，便於上臂接化的運轉。

六、手肘

被帶起或飄起的手肘高度，即爲最佳高度，在運行中儘量不要有沉肩墜肘的作爲。運行中可採旋肘的方式前行，勁力的運行可採後前開展法。

3−14 節節貫串手

「節節貫串手」的運作，關係著上臂接化的運轉之外，還關係著以下效能的發揮。

一、單臂之勁力在全手臂的傳輸過程中，要使①上臂肱內旋→②手肘外旋→③前臂內旋→④手腕外旋→⑤手掌內旋，五動往復折疊的軌跡在其中，流暢地向上旋升而起，既能承載，也能接化的。

二、左右手個別練之後，雙手臂同時併行練，並使成爲上手之際的慣性。

三、雙手可如揚鞭般、如鰻魚般由「中門」旋升而起，取向對手「中門」，既可保護自我「中門」，又有破對手「中門」之效。

四、是面對對手採直拳攻擊時的接發手法之一。

3－15 S形運作法

太極圖中間的S形，具有陰陽的組合特性，其特性有如電之陰陽極接通就會產生能量的物理現象一樣，因此S形運作的效果，與S形等長度的陰、陽同時運作，其性質相同。即單獨進行S形的運作都等同於陰陽的運作，且為「陰陽比值相等同時反向運作之結構」蘊藏其中。

依此道理，將歷年來對於手部S形的開發、修正，確認有成效的三種運作法，依被開發的時間序列，分別介紹於下。

一、手的部分S形

1. 大S形的開發

經由上臂（陰收）與前臂（陽放）的全手臂S形運轉，從而形成一道防護網，可接可發之外，同時也是將來勁力道引入大地的化勁通路。

2. 小 S 形的開發

運作於前臂靠近手肘的後 1/2 位置，在不隨意肌的前臂內訓練，此法不好練，但具有強大的攻擊力，勁脆而速。

3. 中 S 形的開發

以手肘爲中心，同時向前向後各約兩英吋的 S 形運作，形成承受力與攻擊力，可化被動爲主動，進而克敵致勝。

二、腳的 S 形結構的運作方式

除了以上手部大 S 形、中 S 形及小 S 形的 S 形結構之外，另有腳、腿的 S 形運作方式，請參見本書第六章 「S 形基本功法」圖示的介紹。

3－16　手腕的訓練

這個空間的訓練，就我所知坊間武學幾乎沒有，我則有我的研發。即在我方由①上臂經②前臂，通過手腕的刹那，以等距變量漸進的方式前行，並與腳底的陰沉相搭配，其功效不可思議！

圖 28

3−17 形手手指

　　首先由「無形手」（見註）的上手方式中，培養意透手指帶引前方數尺無形手飄揚而起，而成五指微張似的自然手勢，且在手勢到達定位高度之際，有「意透對手背後遠方打點」的意念及「陽將盡須回陰」的操作在其間。

　　接著是「肘眼」與「手腕」的互旋訓練，以右手為例，使肘眼向前向左上微旋到垂肘（非墜肘，係肘眼與地面成垂直線之意）的位置，同步，腕部內側順勢形成向左向下旋轉，初為手帶動，繼為夾脊帶動，再繼為腳底帶動。再接著，在肘眼向前向左上微旋到垂肘位置的過程中，旋動的路線似如一束旋動軸，節節貫串地向腕部下方旋出之瞬間，將勁力通過手掌、勞宮送到四指指腹（拇指除外），由四指指腹勁射而出。

　　通常在對手以勁力侵入我人前臂部位的情況下，以肘眼與夾脊相聯繫，將勁力先接入夾脊，接著由夾脊之力推送肘眼及腕部後，將勁力由手掌下潛行至四指指腹的方式運作。接勁能力提升到可以肘眼與腳底相聯繫之日，則將對手之勁力接入腳底，然後由腳底之勁力推送肘眼及腕部後，將勁力由手掌下潛行至四指指腹的方式發勁。

經相當時日的訓練，手臂能與腳底相聯繫，或各接點都能與腳底相聯繫，上下勁路線有效接通，「形乎手指」的勁力來源明確，接勁時「指」向對手背後遠方打點，發勁時以「指」領軍，勁射對手背後遠方打點，更顯威力。

註：以意指引，上手之際延伸氣勁於手指前方，鎖住「對手背後遠方打點」的練習法。

3－18　頭部

頭部的作為，如果可能，儘量由胸部撐起，有如大樹的成長，養分是由根部的吸收後，再由下而上供應上去的，蓋房子也是由下而上堆砌的，所以最佳用語是「挺胸抬頭」！

「挺胸抬頭」和「抬頭挺胸」（軍事操典），頭部被排列的位置不相同，其中差異可不小。試以甲乙兩人相對站立，設甲方先唸「抬頭挺胸」後，乙方以手試推甲方，通常甲方極易被推出。接著甲方改唸「挺胸抬頭」後，接著乙方再試推甲方，此時被推出可能是乙方。

對「挺胸抬頭」具有優勢的了解之後，再養成由下而上的運動慣性，則自然能實現「吞天之氣，接地之力，壽人日柔」天、地、人的三才空間！

【下中上三盤總結語】

　　基於萬物萬象之理及太極陰陽之理的核心理念，經過以上人體各關節部位的剖析、調理，設計新組合、開創新視野，盤盤驚豔、項項精采，是否給了大家很多意想不到的認識與啟發？這些問題不是我的標新立異，實是由實務中體悟、研發出來的珍貴資訊，願對太極拳勁有興趣的學習者帶來助益！

第四章 林氏結構之三 S形結構

觀察太極圖騰，在太極圖騰中間有一S形曲線，此一S形曲線具有奧妙的學問在其間。以我的體驗，S形曲線兼具了「陰」與「陽」組合產生能量之特性，遵循S形曲線的軌跡運行，即有能量的產生，其能量大小，與S形曲線兩邊陰陽魚互動組合所生能量，有均等、正相關的關係。

能量的產生，是在由後向前動步移位到前腳，接著圓弧由前向右後迴旋回來之際，或是由前向後動步移位到後腳，由後向前迴旋上去之際，不同於時下多是向前發放的方式。這種勁力不直接向前的發放，就可避開對手感知的機會。

S形的運行方式，除了能量的產生之外，還具有消弭雙方互動時，直來直往相互衝突的情況，產生優於直線運動的效果，且有破解對手結構體，卸除對手勁力，瓦解對手樁步的功效。

S形的運行方式，依我的開發歲月及內涵，大致可分爲手部、腿部及腳部三大部分的探討。

4-1 手部的部分

一、大S形

　　在研究「接勁由上臂接引入夾脊」的動作中開發出來的（約在 2004 年 7 月），隨後提列爲單獨功法的訓練項目。大S形運作法（係對下列的中S形及小S形而論），求其陰（上臂）陽（前臂）同時、反向的比例相等地運作。此法熟稔之後，可將此運作方式隱藏在上手的過程中，從而形成一道防護網。

　　其圖示如圖 29：

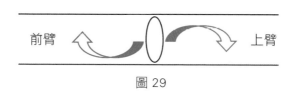

前臂　　　　　　　　　　　　　　　上臂

圖 29

二、小S形：

　　在拳架起式的第二動過程中開發出來的S形運作法（約在 2006 年 12 月），此法也已提列爲單獨功法的訓練項目，經 1！2！3！4！5！6！7！8！→1！2！3！4！5！6！→1！2！3！4！→1！2！→1！，前進中的正反向訓練，熟稔到S

形能在勁路線中以 1 ！完成時，具有強大的攻擊力，
勁脆而速，適用於短兵相接時。

前臂軸心小 S 形練習法，如圖 30 所示：

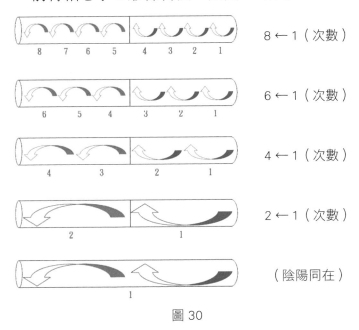

8 ← 1（次數）

6 ← 1（次數）

4 ← 1（次數）

2 ← 1（次數）

（陰陽同在）

圖 30

前臂軸心小 S 形練習法，係在前手臂的肘眼到中
指間的軸心線（約手指的粗細）上，進行開發訓練的
一種功法（圖 31）。

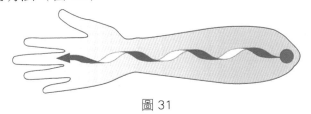

圖 31

三、中S形

於 2007 年 9 月開發出來的 S 形運作法，假設在上手過程中未作好充分準備，對手兵力已兵臨城下，此時可以手肘為中心，同時向前向後各約兩英吋的 S 形運作，即形成承受力與攻擊力，可化被動為主動。其圖示如圖 32：

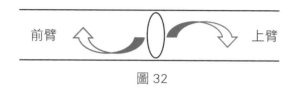

前臂　　　　　　　　　　上臂

圖 32

4－2 腿部的部分

一、操作內容

在垂直軸的訓練中，單環轉以足弓向下穿旋，帶動足弓以上身體筋骨肉與大地下九次的 S 形旋動（輕量級）；雙環轉以「足弓＋腳踝」向下穿旋，帶動腳踝以上身體筋骨肉與大地下八次的 S 形旋動（中量級）；立體三環轉以「足弓＋腳踝＋膝窩」向下穿旋，帶動膝窩以上身體筋骨肉與大地下六次的 S 形旋動（重量級），其量級的輕重簡介如下。

二、雙腳單環轉、雙腳雙環轉、雙腳立體三環轉運作勁力大小的比較

在雙腳不移位，近於雙重站姿下，雙腳同時採取以下三種運作，所生勁力大小分別為，「雙腳單環轉」小於「雙腳雙環轉」小於「雙腳立體三環轉」，其勁力強弱由動用的部位及組合情況即可知曉。

單環轉僅運作腳底板一個薄層而已，產生的能量，要支撐腳底板以上九成多的身軀高度的能量需求，顯然太薄弱。

雙環轉，多了腳踝的運作，腳踝位在腳底板與小腿之間，具有「起」、「承」、「轉」、「合」的功能，靈活性又非常高，相互組合所生的能量可上升到小腿，支撐腳底板以上約八成左右身軀高度的能量需求，要比單環轉來的強一些。

立體三環轉又多了膝窩的組合，膝窩位在膝蓋的後方，以膝窩與踝、腳一起下旋的運作方式，可達到下旋輕鬆，下旋深度加深加快，產生下上對穿、對旋，小腿與大腿相互擰轉，勁力加大的效果。同時勁力由膝窩穿旋，腿部不致前進突出，不易造成身體前衝。

立體三環轉的運作，其能量由大腿逐漸上升，支撐能量至少爲身體高度的五成，不僅提供身體中上盤的運作能力增強，也使穩定度增加。同時在單一腳的運作下已具相當能耐，當雙腳練到一樣的火候，又能同時組合使用的話，其能量在相互旋動擠壓之下，其威力益加強大。

腳、踝、膝窩組合運作之「立體三環轉」，三個關節部位同時向下旋動，再由下旋運作後反旋回到大腿的勁力，快速供應了半個身體的支撐強度與打擊能量。因爲地基由薄層的單環轉，漸厚層腳及腳踝的雙環轉，再提升到腳、腳踝及膝窩之立體三環轉，以高於一尺的厚度之運作空間，所生之勁力當然較大。

「立體三環轉」在單一腳的運作下已具相當能耐，當雙腳練到一樣的火候，又能同時組合使用的話，其能量就是數學的 1＋1＝2， 也可能是 1＋1＞2。因爲雙腳兩股能量相互旋動、連續擠壓之下，還會產生加壓膨脹的威力。

4-3 腳部的 S 形運作

　　S 形的基本功法，根基於「立體三環轉」的基礎上，以雙腿螺旋腿柱相互運作，不僅不傷膝關節，還可遂行大小腿相互擰轉，產生強大勁力的功效。

　　S 形的基本功法計有平行腳站立之「左腳移到右腳」、「右腳移到左腳」及前後腳站立之「左後腳移到右前腳」、「右前腳移到左後腳」四種。以「腳底 S 形運行圖」（圖 33）及「身體運行圖」（圖 34 ～ 37）簡列於下，請參考。

一、「左腳移到右腳」

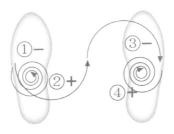

圖 33　S 形腳底運行圖

※①代表左腳向下的旋動（陰沉）②代表向右的旋移（陽放）③代表右腳陰收④代表右腳由腳底向腿部旋升陽勁，使成為盤架、移位或發勁之能量。

圖 34

圖 35

圖 36

圖 37

※ 左腳移到右腳之身體運行圖

二、右腳移到左腳

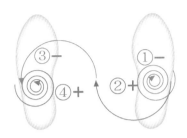

圖 38　S形腳底運行圖

※ ①代表右腳向下的旋動（陰沉）②代表向左的旋移（陽放）③代表左腳陰收④代表左腳由腳底向腿部旋升陽勁，使成為盤架、移位或發勁之能量。

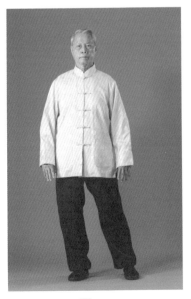

圖 39

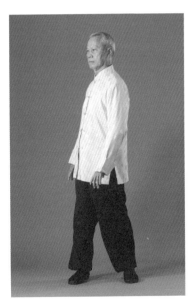

圖 40

圖 41   圖 42

如此由「左腳移到右腳」接著由「左腳移到右腳」，或是由「左腳移到右腳」接著由「左腳移到右腳」週而復始地練習，兩腳間正好形成「∞」字形循環旋動，腳腿齊動而帶動身動等速、均勻、流暢運行。

三、左後腳移到右前腳

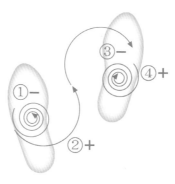

圖 43 S形腳底運行圖

圖 44

圖 45

圖 46

圖 47

※①代表左腳向下的旋動（陰沉）②代表向右的
旋移（陽放）③代表右腳陰收④代表右腳由腳
底向腿部陽勁的旋升。

四、右前腳移到左後腳

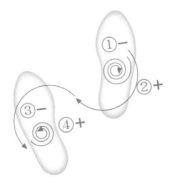

圖 48　S形腳底運行圖

圖 49

圖 50

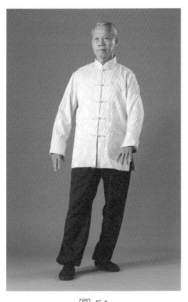

圖 51　　　　　　　　　　　圖 52

※　①代表右前腳陰沉②代表右前腳陽出③左後腳
　　螺旋腿柱向左下陰沉④左後腳底旋動後反旋上
　　升的陽能

　　依上述流程，由「左後腳移到右前腳」接著由「右
前腳移到左後腳」，或是由「左後腳移到右前腳」接
著由「右前腳移到左後腳」週而復始地練習，兩腳間
正好形成「∞」字形循環旋動，腳、腿齊動而帶動身
動等速、均勻、流暢運行。

【本章小結語】

【S】是我認識的英文字母裡最漂亮的一個字形，上下弧形空間相等，弧形弧度相等，流線運行，又蘊含有中國毛筆字的筆法在裡面，由左下角出發的剎那，不是直接出去，是先回再出，有如寫中國字的「一」時，先向左下筆然後才向右拉出去，到了盡頭落筆時又向左拉回來。

S形是先向下拉回一個↺的走向，到了上方盡頭時（或前方盡頭時）不是前衝出去，而是向右下轉下來一個↻，無前衝的戾氣。在實作中不與對手相衝撞，對手不易聽勁，卻又是勁力發射的最佳時刻，奇妙無比！

因為接觸之下有此發現，而有了S形運作法的開發。S形運作法無論是手部、腿部或腳部的開發和訓練，都能為我人的太極拳勁功夫，帶來運作效果，等同於陰陽組合產生能量之效果外，更具有突破雙方有限空間、破壞對手身體結構、卸除對手勁力及瓦解對手樁步的功效。

第五章 運用的認知與意涵

　　有助於太極拳及太極勁法學習的各種理念有很多，有的來自於古人的研究，有的來自於個人對於萬象的觀察，有的來自於實務的心得，形形色色不一而足，除了上面所提勁流、地震、撐船、翅膀理論、放箭的原理、身隨步動優於步隨身換、善待您身上的寶貝、彈簧和螺旋鑽、汽車駕駛盤、沙漏與漏沉，S形曲線的特質等，其他的還有那些？

5－1　其根在腳

　　拳論云「其根在腳，發於腿，主宰於腰，形於手指，由腳而腿，而腰，總須完整一氣」，幾乎已是太極拳同好，都能朗朗上口，耳熟能詳的文字內容，看似不難，很容易懂；　然而太極拳的教學者及學習者，真的都清楚明白了嗎？

　　以上文句就我的學習與認知，即「其根在腳……

由腳而腿……」，重點祇有一個「腳」字，至於有些人會以「主宰於腰」爲重點，在此先行略過，請見3－10 腰爲主宰。

「其根在腳」我的詮釋是根本在腳，即舉手投足的動能源頭都在腳，身、手是隨著腳的動而動，有如汽車是由輪子的滾動，帶動車身前進或後退的。

以腳底板進行陰入地陽上行的運作（我研發的垂直軸訓練），除了足弓以上人體高度陽放空間，另有穿旋入地相似於人體高度的反穿深度（陰陽比值相等同時反向運作的結構），因此總操作長度要比丹田操作的長度長，又蘊含了穿旋入地引動的地力回饋，它的結構力是「人＋地」的組合力，形成比丹田運作更強大的能量。

以撐船爲例，將竿觸河床，即能使整條船、人和物整體移動，可見反向穿旋的陰沉之力，觸動大地同步返回的陽升之力（地力），是不是大於單純陽放的能量？

腳腿的垂直軸訓練，除了可培養「陰陽同出」的陰陽運作能力之外，同時也打通了人體內部接發勁通路，下上快速且有不動形相及動作快的效果。有如已埋設在房子、大樓內的送水排水通路，每個時刻都在發揮其功能，卻不見建築物需要曲蹲吧！

此外人體的能量是有限的，縱然再大的丹田力，不過是元氣的消耗而已，也並非每個人都能練的出來；地載萬物，地力無限，我人若能引動地力的億萬分之一，其威力絕對勝於人的丹田之力。

善用您的腳，善動您的腳，按摩腳底促進健康，養元氣不耗丹田力，引地力為我人所用，勁力彈射在腳下，瀟灑自在，豈不妙哉！

5-2 「氣沉丹田」之我見

在王宗岳太極拳論中提到的「氣沉丹田」，丹田在中盤，用丹田所牽涉到的問題非常多。

其一丹田高度比腳高了約一公尺，重心自然比在其根在「腳」的高，也可以說「氣沉丹田」的鬆沉效果絕對比不上「其根在腳」的效果。

其二應敵接戰時，若「氣」先送入腳底，再由腳底循腿、腰的途徑再經由手上勁放而出，總路線要多長？總時間要多久？若將「氣」直接送到手上，那下盤的穩固靠甚麼？若同時將「氣」分送腳與手，則勁力分散。在用氣的時候面對以上問題，就可能產生無所適從的困擾。

其三「氣」的能耐僅在吐氣發勁的一擊之間，不可能持續不斷的，若一擊無效之後，必須再吸氣補充能量，而吸氣後再出擊之間，不僅容易露形露相予對手感應的機會，又正好是對手出擊的時刻，則敗象居多！

其四「氣功」約可分為養生的氣功、修道的氣功、以及武術的氣功，此處所提的氣功是武術的氣功。修練氣功者可以致力於「氣」的修行，又有不錯的功力的狀況下，在對手較弱的情況下，能應付裕如。但對手的功力遠高於此層級，若無法應付而被破「功」的話，是很可怕的事。

同時由萬物萬象的觀察中，瞭解到自然界能量的來源與丹田無關，是存在於陰陽組合的「陰陽比值相等同時反向運作的結構」中。我就是依此道理，不用丹田，而由「渾身無處不太極」中設計、開發、測試，終於推出了一套有別於世人太極拳勁功夫學習的內涵！

5-3 太極拳的技擊與養生

曾有報導說，練太極拳的老年人不易跌倒，很多醫界人士也從醫學立場，提出太極拳對於健康有幫助的專題報導，甚至於有《太極拳治百病》的書籍出版

問世。無可否認的，太極拳是具有健康方面的功能，而爲很多人所喜愛。但是我以爲有兩大部分的問題，值得我們深思。

其一，太極拳的健康應該是根植於武術的基礎上，也就是要先從武功立場切入，具有武功之後健康才會跟著來的，武功是太極拳的主產品，健康是太極拳的副產品。因爲，要能產生武功效果，其體內之氣、血、經絡、關節部位等必須通暢才能達成。而爲了達成體內氣、血、經絡、關節部位等的通暢及武功的實現，有其特殊的訓練功法、操作方式與嚴格要求，不是打打拳架就可以獲得的。

人們也許會說我祇要健康，並不想要武功，彷彿很有空間可走。殊不知，未經通暢的氣、血、經絡、關節部位的訓練，如何可使身體健康？事實上有很多人在太極拳的學習中，卻因不當的屈膝彎腿，導致膝蓋產生「疼痛」、「受傷」的後遺症，或因不當的運作方式使能量做了不必要的消耗，結果帶來的是傷害而不是健康！

其二，太極拳眞的能治百病？若眞能治百病，大家通通練太極拳就好了，中西醫可束諸高閣，醫院不必開了，其他武術或運動也都可不要了。相反的，卻是每一個人都需要有醫院的存在，每種武術或運動

都有其健康性的功能及愛戴者，更有其廣大市場。

也許有的人會說，我打了多少年的太極拳而得到健康，猛一聽好像有幾分道理。但是！可曾想到若將同樣的時光及用心在其他的運動上，且努力以赴，難道不會產生健康的效果嗎？因此「健康」與「太極拳」並非等號關係。以及所有高壽者都必然打太極拳的？打太極拳的人都長命百歲？

太極拳能治百病易使人「醉」心於似是而非的心靈世界裡，彷彿太極拳是無所不能、完美無缺的，對太極拳真正的本質之認知反而是越行越遠。

太極「拳」的本質是武術，武術是功夫，健康是在成就功夫後衍生的附加價值，若僅從健康角度著手，結果是既沒學到功夫，連健康也未必能獲得。

雖然我熱愛太極拳，敬重太極拳，在功夫上面也小有心得，仍不能不持平、客觀地說，在具有功夫的前提下，太極拳更有健身、養生的效果。

5−4　拳架延後學習的進步性

俗諺「學拳容易，改拳難」，學拳時，若傳授者或學習者都一時不察，傳授者將不合理的運作方式傳

出去，而學習者也不加思索地照單全收，結果，不僅對拳架運行的優美度、身體的健康狀況以及拳架運行所形成的結構力、勁力等效果，都會大打折扣。當要修改拳架時，拳架既難改，又花了金錢、浪費了時間，走了冤枉路！

我們可將拳架，類比為一架飛機、一部汽車，則飛機、汽車等性能的發揮，係由無數已經嚴密檢驗合格的零組件組裝而成，並經無數次的試飛、試車或撞擊等的考驗後才能量產進入市場，這是正常作業流程。不可能先組裝然後才進行零組件的嚴密檢驗！

人體「由下而上」的各關節部位計有足弓、腳踝、膝窩、臀、胯、腹腰、前胸後背、胸肌擴背肌、夾脊、上臂、肘、前臂、手腕、手指、頭等，各關節部位，相當於組成整體運作的零組件，各有其一定或特殊的功能，這些功能及其恰當的運作方式，關係著整體性運作的效果。因此對於各關節部位的認識、開發，基本功法的訓練，進階功法的訓練，進而提升其達到全面性功能，是不可或缺的入手功夫。

雖然每一個門派的太極拳幾乎都有拳架的運行，我的太極拳一樣有拳架的運行，然而並非用其招、用其式，而是透過拳架的運行將所有拳理、功法、結構等融入其中，藉由拳架運行之一舉手一投足，或招式

轉換連結之間，檢測其陰陽的結構、生理的結構或 S 形的結構，是否都能到位？都有勁力的存在？

在測試者進行測試時能將已具太極之體的結構，在任何形態之下都能對測試者形成「不打自打」的現象，也就是勁力發射效果。拳架僅是檢測學習成果的測量儀、檢測工具，所以將拳架的訓練進度，留在對全身各關節部位的特性及合理運作，都已有相當了解後才傳授。

當以上全身三盤的認知能力及操作能力都已具備後，再套入拳架的學習，此際拳架中有拳理、有功法、有結構等環環相扣的關係相連繫著，運行中可產生動作合理性、生理結構性、陰陽結構性、S 形結構性、勁力生成性等特質，皆可同時到位。除了能呈現渾身無處不太極，隨時可接發勁的效能之外，還可縮短學拳的總時間。

5-5　萬物「負陰而抱陽」的內涵

背面作陰，則陽生於正面。因此與對手相向、相搭或交流之際，不要由正面作陰；念茲在茲的是一舉手一投足之間，勁力皆先由「背」面陰沉入足弓下，接著會由足弓由身體前方，經腿直、身直、手直，形成「三直發勁法」的效果，再由「三直發勁法」進入

「前後發勁法」的境界。

負陰而抱陽的太極圖運轉方向，為背部陰沉，正面陽升，是由身體後方轉向前方之走向，與挺胸抬頭之太極圖運轉方向完全一樣，也就是說挺胸抬頭之運作方式，與負陰而抱陽的道理相契合。

含胸拔背之太極圖運轉方向，為正面陰沉，背面陽升，是由身體前方轉向後方之走向，與負陰而抱陽的道理不吻合。

因此，萬物負陰而抱陽的道理若是對的話，則挺胸抬頭的思維也應該是對的；而含胸拔背的思維則有須探討的空間。

5-6 三直發勁法

「三直發勁法」係依據動作狀態所衍生的新名詞，此新名詞對於過去的學習內容，有統合的意義外，也有促進功夫整體快速達成的功效。

三直者指腿直、身直、手直之意，在三直的情況下，不僅發勁效果良好，對於身體健康一樣有其功效。

「腿直」者指雙腿隨時保持「立體三環轉」，且

能相互運作之能力;「身直」者指由下而上之勁力,節節貫串而上,進而形成挺胸抬頭,以至「虛靈頂勁」之身體「拔」、「撐」伸直狀態;「手直」者指與對手相搭之手,肘眼不下垂之旋肘,並使上臂與前臂形成 S 形之伸展。

在三直狀態下,有如多條小溪的匯集(於夾脊),使水量豐沛,沖激力增強,進而形成大河,產生更大的生命活力(勁力)!

5-7　太極拳慢練之後如何快用?

武俠小說作家金庸,可以把武功境界呈現的無比神奇、高深莫測,扣人心弦,然而,曾有人想向他請教武功時,他卻說「我不會武功」!

寫小說可以自由佈局,自由發揮,縱然不合理也無傷大雅。然而真實的現實世界,雙方一搭上手之後,不是靠「想」就能解決的。

「快」不是心想口述或慢練快用,那麼簡單!「快」是有條件、有步驟的!依我個人看法,太極拳的「慢練快用」為例,其中就存在一些迷思與障礙,是無法前後連接的思維。

以軍隊為例，除了基本的操練之外，要經常有緊急集合，急行軍，一般演習，實兵演習……，才能達到上戰場的要求。

所以坊間太極拳的「慢練」與「快用」之間，缺少了「快練」的訓練過程，雖有快架的演示者，但到底是鳳毛麟角，一般人多以表演在看待，而非以常規在思考！

就以常見的「分秒之間」文句來看，一分鐘為六十秒，若在實戰中，可能勝負已分，所以我是以一秒為基準（至少比一分鐘快五十九秒）要求自己，因為有些拳種要求一秒鐘可擊出等量 6～7 拳的重拳，因此「分」鐘是不適宜的，要將接發勁等所有動作在「一秒鐘」以內完成，才可能實用（我並不鼓勵戰鬥，而是回歸到拳術的境界，惕勵自己，備而不用）。

兵貴神速！在我的書上就有「速度訓練」的篇幅，並已將陰陽的組合時間在「一秒鐘」以內完成所有動作養成慣性，所以我的太極勁法演示影片，動作都在瞬間完成。

「快用」不是說快就能快，想快就能快的，若未經「快」的洗煉，您的心智、骨骼、肌肉等，如何能被培育出「快」而又有「整體勁」的運作能力以及速

度能力？

　　就以同一個作爲或接發勁動作，您可曾由一分鐘 → 半分鐘 → 一秒鐘 → 半秒鐘，甚至是 0.1 或 0.2 秒地訓練過，並進而認識您的快，到底能多快？

　　「快用」是被有效訓練出來的，不是用嘴說出來的！

5-8　由「理明」、「法正」看問題

　　在太極拳的領域裡，「理明」、「法正」四個字是最常被人們朗朗上口的文句，這兩句話言簡意賅，幾乎每一個人都能意會其義。「理明」者道理要明白清楚，「法正」者方法要正確無誤，看似簡單明瞭，如此而已。

　　在我潛心於太極拳的研修歲月裡，發現「理明」、「法正」兩組文句，除了個別的認知之外，兩者間的相互關係，一樣也是重要課題。

　　「理明」指目標設定，「法正」指手段方法，一者，理若不明目標無法設定，手段方法無法進行，目標當然無法實現；二者，理明目標清楚設定，但手段方法不正確，目標無法實現或打了折扣；三者，

理明目標清楚設定，手段方法也正確，則能達到預期目標；可知「理明」、「法正」兩者有個別問題，也有相互間的問題存在。

太極陰陽的關係有如擰毛巾時是雙手同時反向施力，用筷子時是同時反向對夾之舉例，即「陰陽比值相等同時反向運作的結構」，「矛盾對立而統一」的內涵或拳論所提「有上則有下」、「有前則有後」、「有左則有右」的關係，「能量」就在這樣的運作方式下瞬間產生！

能量不是苦修來的，不是累積來的，是創造來的，就如各位家中的家電製品，起動開關透過陰陽極的接通電能即來，不用時鬆開開關即無電能；同理，我人是否可以，經由這種體系的訓練並慢慢形成慣性之後，沒有進行太極拳勁運作時，渾身彷如空無一物，當進入太極拳勁運作時，陰陽比值相等同時反向運作的結構體即被啟動，於是渾身無處不太極地形成滿足需求的能量，發勁後不需再發勁時，就又渾身鬆空無一物，我就是如此修為，也已具此能力！

回到主題，我的「理明」是明我在「由日常生活中，印證我的太極陰陽思維」中印證的理，我的「法正」是不悖離我所明的理，進行的手段方法。例如：

一、移位

我是腳底先陰沉再利用大地回饋的地力，形成外移的動力，初始練習陰沉陽升會有時間差，直到陰沉與反陽的時間差近於零，陰沉的深度與陽升的高度，以及向下旋的能量與向上反旋的能量（有如擰毛巾動作），也近於相等，終至每一動中陰陽之下上長度、能量、速度都力求均等（太極圖騰中陰陽魚是大小相等的關係）。

二、拳架運行

如由左後腳移到右前腳，依前法，我是左後腳下旋產升前進動力，當右前腳足弓感應並不斷接引由後腳送到的來勁力道的同時，同步由右前腳足弓升起陽勁，使進入右前腳的身軀逐漸掤撐而起形成拳架方式，全身形成下上對開的撐勢（而非到位時膝屈身沉後，手才局部獨立運行的上下盤分離式的操作），於是陰陽同在、陰陽同出的狀態充分呈現，同時是以「身隨步動」運作，而非「步隨身動」的方式進行。

其中由後腳下旋產生前進動力的作為，要持續到身體移到前腳的定位腳，並已將手帶起成架式時才可中止，因此後腳持續陰陽作功的第一組陰陽組合力，前腳持續接收後腳陽出之來勁並持續接引入足弓的陰

沉作爲的第二組陰陽組合力，最後又由右前腳陰沉作爲同步陽升的第三組陰陽組合力，在一個拳架的移位過程中產生三組的陰陽組合力，除了能量極爲可觀之外，處處時時都在進行陰陽的組合，這樣才能算是「渾身無處不太極」！

渾身無處不太極的認知與道理，先以上面兩個下盤例舉，其他中盤、上盤及全身的不在此贅言，有興趣的請由我書上的說明中去領悟。

由上可知「理明」、「法正」的重要性，但是怎樣的理才是明？法才是正？祇要不囫圇吞棗、也不照單全收，依俗諺「事實勝於雄辯」的辦法，透過觀察、比對、實證，就是最佳途徑！

5－9 由「人體運作身前背後兩大系統」看問題

在太極拳學習、研讀以及曾經實作的歲月裡，幾乎都是依著拳經拳論或名家大師的說法，偏向身體前面的敘述與學習，以下爲「身體正面」由下而上運作部分的說明。

一、湧泉

俗諺「湧泉無根，腰無主」，是說身體重力應落在全腳底板偏前 3/1 的湧泉區域上（腰無主，暫且不談）。膝蓋須常帶動身體彎向前，以便重力由湧泉鬆沉入大地之下（事實上難以鬆沉入大地）。

二、膝蓋

膝蓋須常帶動身體彎向前，以便重力由湧泉鬆沉入大地，如此情況下，在身體重力未能精準沉入大地的過程中，常使身體重量積壓在膝蓋大腿面上，帶來膝關節的傷害！

三、涵胸拔背

由胸口將來勁力道向後、向下引化掉（陰），同時形成拔背（陽），於是有了力由脊發的說法。如此運作之下，陽能生成的位置在背後，出擊的路線變長及出擊速度變慢的問題。

在我太極拳勁的成長過程中，經由實作驗證，心知體悟有了以上問題的發現，且已建立起解決上列缺失，效果良好的系統訓練內涵，請見以下身體背後由下而上運作部分的說明。

一、足弓

身體重力係由足弓（約比湧泉後移了兩英吋的位置）卸入大地之下，此途徑既能將自我重量及對手的來勁力道卸入大地，承載力強大之外，還可引動地力，爲我人所用。

二、膝窩

以膝窩取代膝蓋的作爲，可避開膝蓋關節部位的負荷傷害，可有效將背後由上而下，經命門溜臀作爲的自我重量及對手的來勁力道有效卸入大地，進而由大地回饋的能量，會使膝窩撐起，通過身體中盤上盤，形成可觀的發勁能量。

三、負陰抱陽（萬物負陰而抱陽）

由夾脊（入榫）的運作方式，將自我重量及對手的來勁力道，經後背、命門、臀、大腿背面、膝窩、小腿背面、腳踝、足弓卸入大地（負陰）（會使對手來勁力道落空）；同時會有由大地回饋的陽升能量，經足弓、腳踝、小腿迎面骨、膝蓋、大腿面、腹、腰、胸口（挺胸）、頭部（抬頭），而至虛靈領勁（通天），一路由下而上的陽能（抱陽），爲我人所用；同時也組合出「天地人」的三才通路，其能量（人＋地＋天）要大於（人＋地）的能量及（人）之能量。

以上是我的體驗心得，且已將足弓、膝窩、負陰抱陽的運作方式與能力，內化爲我的本能慣性。

5－10 「動作順暢」之研究

各家武術幾乎都在用心發展，自認爲最好的手法、身法、腳法或招法等之神妙功夫上下工夫。然而多少人注意到人體各項細微動作的背後，所牽涉到勁力傳輸的路線、勁力傳輸的順暢度、時間快慢、能量聚集、勁力爆發的時點、陰陽勁力行進的方式等的問題？

有了手法、身法、腳法、招法等的運作，伴隨而生了形相，有了形相就容易露形露相，予人觀察、感覺的機會。因此在接發勁的刹那，應該是既要有與對手相對應的動作，又要令對手無法觀察或感覺勁力運作變化的順暢動作，以達到克敵致勝的效果。這種說法初看似不盡合理，因爲既有與對手相對應的動作，對手怎可能無法觀察或感覺勁力運作的變化？然而在實務上其中微妙卻是很眞實地存在，卻又無法迴避的事實。

張三丰太極拳經提到「其根在腳，發於腿，主宰於腰，形於手指，由腳而腿，而腰，總須完整一氣」的內容。這段文句除了敘述勁路的流程之外，更告訴我們要注意「由腳而腿，而腰，而形於手指，總須完

整一氣」的問題，也就是講求「下上協調」的重要性、整體性與功能性。

「完整一氣」含意至深，要能上下節節貫串，還要使傳輸中的束狀勁力（「束狀」勁路的粗細依各人功夫層次、接戰需求、個人修為而有不同），在運行的那一剎那上下粗細相等，沒有斷續也沒有突變地一氣呵成。若是初為粗束狀，末為細束狀，最後有如強弩之末，不具破壞力。或是初為細束狀，末為粗束狀地猛然強力出擊，這種出勁方式祇是局部勁，遇到能夠「動緩則緩隨，動急則急應」的高手，有被牽引帶出或被相對反應強力發出的危險。總之先大後小或先小後大的運行方式，都不合於「完整一氣」的要求。

要「完整」必須「順暢」，能「順暢」才能實現「完整」。動作祇要有斷續、突變就不可能順暢，不順暢當然也不可能完整，這是很明白的道理。那麼在實務中如何練就順暢的動作？或者說怎樣的動作才是順暢？

人體由下而上的部位及關節分為腳、腳踝、小腿、膝窩、大腿、臀、腰、背、脊、肩、上臂、手肘、前臂、腕、手等計十五項，大致可分為下盤的腳、腳踝、腿，中盤的腰、臀及上盤的肩、手。我人可以逐項進行分析。

下盤「腳」的部分，在靜止狀態時，養成經常讓全身重量鬆墜入足弓下，且可由足弓下升起勁力的能力；步行走路時，重力經由落腳貼地的那一腳沉墜而下，行之日久彷彿一步一腳印的感覺；接戰時，在與對手相對動步的剎那，能依對手的意圖、作為，於落腳之際，有即刻向下可輕可重的穿旋能力，又能將可輕可重的回饋勁力，上升到欲發勁的體位空間上。每一動步都要有深度、有學問、有內涵。

下盤「腳踝」的部分，腳踝在腳與腿之間，腳踝是否運轉靈活、運轉順暢，關係著上腿下腳的勁力傳輸效果。衹動腳或衹動腿都不是理想的運轉方式，漏沉由腳底開始，勁力由下升起的途徑上，腳踝與腳底的關係最密切。

同時腳踝也是腳與小腿之間的旋動樞紐，一般情況下具有「承」上啟下，「轉」動靈活，與他部位「合」而共存等功能。在「雙環轉」及「立體三環轉」的運作中，則具有「起」的地位，與腳底共同處於①的地位，而有了「起」、「承」、「轉」、「合」的功能。

以「反者道之動」的道理，體會向前、向後、向左、向右操作之效果，以及在移位的過程中，多體會「腳踝」旋扭的程度與方向，解除（或放鬆）此旋扭的作為，即是拳架運行的動能來源及拳架招式形成的基礎。

下盤「腿」的第一部分，是「鬆沉」的問題，部分人在鬆沉時，多以屈膝開始，也就是上身的重量通過大腿、膝蓋、小腿再落於腳底，以此流程看，由大腿、膝蓋、小腿再落於腳底，到達腳底為第四動。當重量達於腳底後接著才再向上發勁的作為，總時間嫌長了些。同時因為有屈膝的關係，身體重量實際上無法完全鬆沉入腳底。惟有體態近於直立，由下而上直通的管道，傳輸效果才是最好的，有如唱高音的演唱家，那一位不是「站」著引吭高歌？

　　下盤「腿」的第二部分，是「前腿膝蓋」的問題，接發勁時前腳膝蓋不可凸向前彎，凸向前彎會使身體以及胸部送向前方，身形前傾，形相清楚暴露，腳的根或重心會因前傾的關係而被瓦解，以致腳底虛空，接下來祇好用手或身體與對手「頂牛」。

　　下盤「腿」的第三部分，是「膝窩」的運作問題，膝窩（膝膕）是小腿與大腿之間的旋動樞紐，以「意」旋動膝窩，可避開膝關節的傷害之外，且有維持垂直軸穩定，有效進行「立體三環轉」的運作，使小腿與大腿相互擰轉，可產生勁力強大、接勁順暢的優點。

　　向前移位時，當前腳的膝窩感受到後腳的來力，即由膝窩引入前腳底繼續移向前腳的定位點。若向後

移位，當後腳的膝窩感受到前腳的來力，即由後腳膝窩以弧形方式一路引入腳底，並繼續移向後腳的定位點，或與腳踝、腳底板同時進行「立體三環轉」的運作，均能產生相當可觀的效果。

雙腳膝窩運作法如（圖 12），方向由後向前移，在向前移時意念放在膝窩，由膝窩同時向下（陰）向前（陽）運行，其勁力強大。總而言之，若您願意將久處陰暗面的膝窩，提到光明面的第一位階，且以膝窩取代膝蓋的運作，不僅是膝窩的福份，您也會獲得不可思議的效果。

下盤「腿」的第四部分，是「小腿與大腿」的相聯互補性，若為屈膝的狀態，則勁斷於膝，小腿與大腿之間的相聯性差，無互補功能。膝近於伸直則有利於氣勁的傳輸，經由膝窩的連繫，使小腿與大腿可進行如擰毛巾狀，上下相互纏繞對轉，產生勁力的效果（膝窩不可撐開）。

下盤「腿」的第五部分，是「胯」的問題，胯是腿與上半身體間的連結關卡，一般場合常聽到的多是「落胯」、「鬆腰坐胯」、「旋胯」等，我的訓練方法是腳的提起或跨出，先由胯以內斂方式將腳「拎」起後才開始。放下（如盤架中腳之移出、擺放）時係由實腳的胯旋落使另一腳（虛腳）落地的。

中盤「臀」的部分，臀的位置約在背後脊椎腰間高度，此部位是身體上下勁力傳輸的連結關卡，若為「翹臀」體態，對手的第一擊能量絕對是由背後脊椎腰間高度侵入，支點（命門附近）被破，手腳運作能量頓時喪失，祇有任人宰割的份！

溜臀者是指將臀部的勁力溜入大地之意，溜臀的體態，不僅不會破壞支點，還能使勁力快速由搭點處傳送到腳底，發勁之勁力會極快速地傳回到搭點處，使對手勁發人飛、跌仆而出！

中盤「腰」的部分，部分人們都以腰動帶動四肢的「腰為主宰」概念操作，殊不知其效果適得其反，動腰會使勁力僵滯於腰際，勁力的傳輸反而受制。且由實務中也可發現，當我們動到腰時所產生的能量及傳輸能量的速度，比起不動腰時所產生的能量小，傳輸能量的速度慢，也就是說在不動腰的情況下，產生的能量比動腰產生的能量大，傳輸能量的速度也比動腰的速度快。

因此「不動腰」才能主宰上下，才是「腰為主宰」的本意！腰不隨意亂動，動要隨腳底的傳動而動，隨腿的傳動而動，以腳、腿、腰三者而論，腰是第三動，不是第一動。

拳論中「由腳、而腿、而腰……」文句中「由腳」才是重點，若不是重點，前輩們何不直接用「腰為主宰，帶動四肢」的詞句？看問題要從整體下手，細密思考、小心求證。

上盤「夾脊」的部分，夾脊是身軀與手臂的連結關卡，凡為手臂抬起、揚起或浮起時，勁力先由夾脊通過，然後由上臂下緣將全手臂抽回（陽將盡須回陰），斜插入夾脊（入榫），使成為由手到腳連成一條完整的勁路線，則有利於接發勁的發揮。此關卡的處理能力越強、操作越細膩，功夫越有看頭。

上盤「肩」的部分，部分人習慣以肩帶動手，以肩帶手易生聳肩和勁力掛在肩頭的現象，切斷了手臂與背脊之間的連繫性。手臂若無法與夾脊相連繫，就無法與腳底相連繫，影響所及的是手臂，手臂不是太輕就是太僵硬。太輕發勁之力道有限，太僵硬在搭手之際容易被對手聽勁，以及勁掛肩頭的關係，很容易被對手由肩部發出；或在將要出擊之際，很自然地動肩或合肩窩的作為，則不知不覺中已將勁力及勁向傳送給對手。所以太極拳學習要領中有「沉肩」的說法，而無「聳肩」的說法，我人可以試著忘掉「肩」！

上盤「手」的第一部分，是「上手」的問題，在與對手對應作為的剎那間，全手臂是隨著腳底的陽升

勁力飄浮起來，飄浮起來的高度依自己的內在能量決定，不坐腕、不豎掌，不彎肘，則勁力的傳輸快而整；若採「坐腕」、「豎掌」或「彎肘」方式上手，手的長度縮短，接敵後必須以身形腰力補此空間，因此形相俱現，還增加運作時間；若上手之際不是全手臂方式，而是將主力放在前臂或手上或拳上的話，部分能量被提到上盤，於是「上重則下輕」，腳底的能耐減低，以及讓對手可以感覺出來「體態不鬆、手臂不鬆」的訊號，提供了對手採取有效反應的機制。又因主力在上、在前的關係，發勁時幾乎都會有動身前進的情況發生，則有被「引進落空」的危險。

上盤「手」的第二部分，是「姿勢、方向、角度」的問題，接發勁的過程中，接勁時，手肘不可以自行隨意彎曲，搭點不進不退以內抽方式抽卸對方勁力。在將發勁時，維持原手勢狀態、原方向、原角度，不可讓肘或肩稍有下沉、旋動、夾緊的突變動作。不要因為多了一下突變的微動，而暴露了形相及發勁的意圖，失去本可即時發勁的機會，卻在無意間將發勁的第一時機拱手讓人，豈不可惜？在實戰中「時間」是關係勝敗的重大關鍵之一！若在將發勁時維持原姿勢、原方向、原角度，肘或肩沒有下沉、旋動、夾緊的突變動作，對手難以察覺動靜，隨後將已練就能由內部運行的勁力，由內而外勁射而出，此時對手想由觸覺反應再採取反制作為，幾乎已不可能，而回天乏術！

上盤「手」的第三部分，是「手肘」的問題，手肘是上臂與前臂的連結關卡，在上手的過程中，「肘眼」跟著全手臂的旋動而旋動；到定式或定位時，「旋肘」而不可「墜肘」；在上手的過程中，手臂自然伸張，則全手臂有極佳的延展度及流暢度；可進行小Ｓ形、中Ｓ形及大Ｓ形的運作，以增強承受力及發勁力；手肘在發勁的同時，可進行手肘的開展，使手臂有極佳的延展度及流暢度，勁道脆而長，在勁力發放完成之際，使對手有不得不順勢繼續後退，被勁道追著打的「追勁」感覺。此外還有其他的運作法，在此不加贅述。

上盤「手」的第四部分，是「形乎手指」的問題，在肘眼向前向上微旋到垂肘位置的過程中，旋動的路線係在前臂骨骼間似有一束旋動軸，節節貫串地向腕部下方旋出之瞬間，勁力在腕部稍作歇息，隨即將勁力通過手掌、勞宮送到四指指腹（拇指除外），由四指指腹勁射而出。

經相當時日的訓練後，手臂能與腳底相聯繫，或各接點都能與腳底相聯繫，上下勁路線有效接通，「形乎手指」的勁力來源明確，接勁時「指」向對手背後遠方打點，發勁時以「指」領軍，並配以陰陽對走的運作方式在其中，勁射對手背後遠方打點，更顯威力。

由上分析可知，藉由各關節、部位的認識、開發

及訓練，而爲下上協調、節節貫串、完整順暢地運作，當身體動作的一舉手一投足之際，不使有斷續，不使有突變，不使有局部，則可生動作快速、體力節省、能量增大的效果。

任何搭點上之來勁力道，可以有效地經由腳底接引入大地，腳底又可如「手」般揮動鞭子（勁力），鞭子的握柄在腳底。旋動腳底有如揮動鞭子支使勁力擊出。

日積月累之餘，全身各個接觸點都能與腳底相連接，而爲「腳非腳，渾身都是腳」能力的誕生。

5-11　反及無

老子道德經第四十章，有謂「反者道之動，柔者道之用；天地萬物生於有，有生於無」，此句話中頭尾兩個字，道出了天地間的玄機。

以「反」字論，舉如物極必反、樂極生悲、否極泰來、要得須先捨、要發勁必須先能接勁，在在說明自然之道理，是從反面著手而得正面的效果。

在「無」字方面，係由無生萬有，由無爲而達到無所不爲的境界。無爲可放下心中之雜念、拙勁、動

作招式；不露形相，對方無法測度我人之實力，找不到發勁的把柄。在無爲（不形於外的功夫訓練與學習）的歲月中，涵養了深藏不露的內在修爲，造詣日增。

5−12　意的奧妙

在太極拳中最常聽到的一句話：「用意不用力」，「不用力」在此不作陳述，僅以「用意」而論，除了太極拳提到「意」之外，形意拳或心意拳都有提到「意」的問題，可見「意」的運行能力是成就功夫很重要的一個環節。

「意」的操作範圍很廣，例如：如何運行拳架？如何上手？如何接戰（如：後發先至或先發先至？）仁道或霸道的接戰思維？文字的順序等等都與「意」有關，不過本主題僅「文字」的探討爲主，就以下兩邊的排列順序爲例，希望各位不妨試著從實際操作中比較優劣，並體驗其奧妙，我的心得是奇妙現象，存在於文字的排列順序上！例如下面的舉例：

· 陽陰 ── 陰陽
· 上下 ── 下上
· 前後 ── 後前
· 上下相隨 ── 下上相隨
· 上中下三盤齊發 ── 下中上三盤齊發

實例：甲乙二人對立，甲方先在心中默唸左邊文字的
任何一組，然後乙方用手輕推甲方，甲方很容
易被推出。接著甲方再默唸右邊文字的任何一
組，然後乙方再用手輕推甲方，甲方不僅不易
被推出，甚至是乙方被撐離出去。

5-13 「意力不分」的主張

在王宗岳的太極拳論中，有兩處與「力」有關
的重要文句，一為「……然非用力之久，不能豁然
貫通焉！」，二為「……有力打無力，手慢讓手快，
是皆先天自然之能」。

由「……然非用力之久，不能豁然貫通焉！」
文句看，是說，若非長期用心，則對以上所述的道
理，是無法豁然貫通的；由「……有力打無力，手
慢讓手快，是皆先天自然之能」文句看，是說人們
後天的修為必須是「無力打有力」、「手快讓手慢」
之意，後人依此文意，產生了「用意不用力」和「以
慢打快」的辭句，且相沿成習。然而這種沿襲成風
的說法，到底是對還是錯？就我個人對「用意不用
力」文意的認知，大致可分為三種看法：

第一種看法：
「用意不用力」是對的！因為「……有力打無力，

手慢讓手快，是皆先天自然之能」文意如反向思考，是可以轉換成「無力打有力」、「手快讓手慢」之意的走向。

第二種看法：

「用意不用力」是錯的！因爲那些思維是那時的人類想法，想法比今天人類之想法單純，還沒發展到「用意也用力」、「意力不分」的層次。同時僅以「用意不用力」的方式就能解決問題？

第三種看法：

「用意不用力」是半對半錯的！太極拳名家中，身材壯碩可使出二、三百斤力量的大有人在，要實現輕鬆自在的克敵效果不難，對他們來講「無力打有力」當然是對的。但若是小個子，又無神力，那麼「無力打有力」是不可能的，因此是錯的！

由以上多角度的分析，可知「無力打有力」的立足點似嫌單薄，不具全面性的解說效果，說服力不足！那麼應該如何面對「用意不用力」的說法，從而延伸、拓展？在我太極拳的潛心發展、萬象觀察及思維調整的過程中體會到的，除了「用意不用力」之外，還須加上「用意也用力」、「意力不分」的思維與訓練，合成爲三個階段。到了「意力不分」階段始臻大用，太極拳不應再限於「用意不用力」的框框內。

以練功的流程而論，「用意不用力」僅是初階，係藉由這個理念使初學者漸漸褪去自小以來的拙力、濁力或僵力等不適於太極拳使用的力，經過了褪除僵力的認識及克制，慢慢地開始使用經由訓練之後，新運作方式下產生的「新生之力」，這個「新生之力」是脫胎換骨之後的力，能與「意」配合一起運行的力，其速度、能量、距離、方向、角度等可受「意」控制的新生之力，於是就進入了「用意也用力」的階段。

　　但在接敵之際，「意」要在同一時刻，既要知己、也要知彼之外，還要能將外來勁力的速度、能量、距離、方向、角度等數據，快速地透過身體的感應、腦的指揮及身體的快速運作，組合為滿足出擊所需要之勁力。如此情況下，一剎那間，要有效地兼顧內外的需求，非常不容易！但若將速度、能量、距離、方向、角度等數據的運作能力，訓練到可隨「意」到「氣」到而「勁」到的效果，甚至能達到「意」到即「勁」到的本能反應，即「意力不分」地步，才是最理想的境界。

　　在太極拳界「用意不用力」是行之已久的觀念，至於「用意也用力」、「意力不分」則是新的觀念。但在當今軍事科技上是早已在進行，且被重視的重點。讓我們以軍事作戰的角度進行研討分析，並試著與「用

意不用力」、「用意也用力」、「意力不分」的文意相互印證。

　　首先當雷達鎖定目標物後（意），若不發射砲彈或飛彈（力），如何有摧毀目標的機會或可能？所以既要能用意也要能用力，即所謂的「用意也用力」才能作戰。接著是雷達鎖定目標物後，還要能準確命中目標才行。然而這樣的成果，是建立在雷達和火砲的兩個系統上，一方負責監控，一方負責發射，兩者之間會產生時間差的問題，又如果任何一邊的系統出問題或兩者配合不良，就無法達成戰果。

　　因此近代的巡弋飛彈，是將雷達和彈體設計在一起或精靈炸彈是將導引方向的電視鏡頭和彈體設計在一起。以自體的動力透過雷達或電視鏡頭導引彈體飛向目標物，只要鼻頭的雷達或電視鏡頭撞上目標物，彈體隨即爆炸摧毀目標物，這就是「意力不分」的高度表現，能「意力不分」才更能滿足戰場的需要。

　　從以上人人皆知的事理、舉例中，問題跟答案已明明白白地呈現在眼前、腦海中，何者有道理，何者有瑕疵，不言可喻。

　　「用意不用力」、「用意也用力」、「意力不分」三部曲的字句及思維，有其階段性，也有其功能性，

內涵至深，令人激賞。然而回想太極拳卻祇有「用意不用力」一項，實難以滿足更高層次的需求，爲了振衰起蔽或提升境界，宜拓展適於太極拳運作的「用意也用力」、「意力不分」兩個層級，這兩個層級是值得太極拳的愛好者深思的課題，其中尤以「意力不分」使勁力與意念能夠處處、時時，都是如影隨形、相伴而行的能力養成，更應是我人努力追求的目標。

5 − 14　各關節部位的對拉拔長

　　手臂、腿部及身軀的各關節、部位，能使之伸張鬆開，不但使練拳的外形舒展、漂亮，而且自身的感覺也會舒服。透過各個關節部位的對拉拔長訓練，有助於血脈經絡的通順，氣血的流暢。不僅練拳時會有舒服感，更可形成勁力。

　　由對拉拔長（或對拔拉長）所形成的勁力不容小覷，武術中有這麼一句話「不怕力大一石，祇怕筋長一分」，可見拔長有其重要性，而我的「前後發射法」也與「對拉拔長」有直接的關係。

　　對拉拔長的運作方式可分爲兩種，一種是徒手體操運動員、田徑選手等拉筋撇腿、伸展筋骨的訓練方式，多在正式運動前的熱身運動，相當於前置作業（有如過去式）。另一種是指以意識帶引，進

行手臂及身軀的對拉拔長，上揚的手臂是各關節部位「後前」的對拉拔長，立姿的身軀是由下而上各關節部位「下上」的對拉拔長。

以上手臂及身軀對拉拔長的運作能力，能將手臂「後前」的對拉拔長及身軀「下上」的對拉拔長，同步運作於發勁的剎那（現在進行式），其功效更不可思議！

5－15　論「同時間同空間」之思維

「避實擊虛」是一種思維，也是人們最常說的一句話。在這種思維之下有了「左重則左虛，右重則右杳」空間的轉換，發勁點由左轉到右，或由右轉到左的想法。基本上這種想法有其合理面，也有其實務面。

但是，凡事多為一體的兩面，若從相對角度來看，在由左手轉到右手，或由右腰轉到左腰的過程中，其運行空間約為2尺到3尺距離轉換之「線」的運作方式，其間所存在的問題大致如下。

一者能量是否能完整地轉移到另一邊？也就是說在轉移過程中能量難免會有所消耗。接著若對手之出擊方式為雙手「按」式左右均衡地排山倒海而

來，我人可能根本無左右迴旋的機會。此時若改採鬆腰坐胯的方式卸除來勁，卻正好引對手趁勢前進再加一擊，豈不危機重重，險象環生！

二者雖然有人會說，我採鬆腰坐胯方式卸除來勁，就是「引進落空」的時機，然而在這鬆腰坐胯一落之際，我人真有把握能將來勁卸的乾乾淨淨？又對手剎那衝勢的前進距離遠大於我人的後退空間，「引進落空」不是自陷絕境？

三者假如能有效完成空間轉換，則一邊為陰一邊為陽，發勁能量僅有陽的那一邊，無法發揮雙手、雙腳共用的合併能量，因此發勁能量小。

四者左右空間轉換或鬆腰坐胯的運作方式，如何能實現「一觸即發」、「渾身無處不太極」的層級？

由上分析可知，由左轉到右或由右轉到左，空間轉換的「同時間不同空間」，並非理想完美的途徑，因此才有「同時間同空間」的想法。

在「同時間同空間」的想法之下，所有接點都以不進不退的方式處理，與人接觸之點，都是感應的區域，都是接勁、發勁之點。

　　由接點處以「陰」接引入腳底，對手的來勁力道成為我方腳底的蓄勁，在我方未發勁之前，不存在「頂」、「抗」的問題。

　　當功夫練到能在對手勁未出盡、式未轉變之第一時間，在搭點處瞬間進行陰陽的轉換，則對手的勁力會因我方陰的作為而被化解，又因我方陽的作為而被封鎖困死在接點上。

　　也可以說是以「擒賊擒王」的方式，將對手的主力擒在原接點上。或以「敷、蓋、對、吞」四字訣的能力，以陰接「吞」化對手勁力；以陰陽組合的能量「敷」、「蓋」住對手；以意透對手背後遠方打點，「對」準發勁準頭，使對手動彈不得。最後發或不發僅在一念之間。

　　武禹襄的「敷、蓋、對、吞」四字密訣，顯然也是「同時間同空間」的層級。因為雙方接手電光石火之間，若忙於空間轉換，考量自我處境，絕對沒有時間或意念去「敷」、「蓋」對手之來勁力道！

　　「同時間同空間」的思維及學習內容，除了對手無可進的空間，我人的身形體相不易暴露，身軀結構完整，能量整、速度快的好處之外，勁力還可以同時由雙手、雙腳齊發。以上這些能力有賴我人

深求。

5－16　接戰思維

一、不使敵人越雷池一步

　　國防的領域有領空、領海及領土，不使敵人越雷池一步，纔可確保安全。同理任何接搭點處都應視為作戰點，接點不進不退地以「同時同空」的原則，進行接發勁的處理。

　　不過這種思維的實現，先決條件，是任何接搭點處須有承受及接化的處理能力，做為後盾才行。這個部分經「手部運作法」、「引勁落空」、「化鎖進打」及「點處理」等的有效訓練。上手之際多元組合，就自然形成防護網，不必經「避實擊虛」的過程，即可在原空間接放對手。

二、戰敵於千里之外

　　最好的戰爭方式，是不要讓戰場設在自家院子裡，美國是最典型的例子。兩次大戰除了珍珠港被偷襲之外，戰場都在他國境內，本國境內則可大事生產發戰爭財，以及美國車子的前後保險桿都特別堅實厚重，有狀況時由保險桿的承受使危機降到最低，有效

保障乘客的安全。

　　由上例子來看，離本體越遠的戰爭越安全，所以有了「意透對手背後遠方打點」的想法，接著實現了「意透對手背後遠方打點」之「意力不分」、「化、鎖」等的開發，以及由我人背後向對手背後發勁的訓練，都是為滿足遠方作戰的需要而設計的。

三、動步中戰敵之先

　　既是接戰應敵，為何一定要等對手啟動後才跟著相對運作？何不將被動化為主動？何不將時間及空間據為己用，爭取主動權？因此對手為前進方式，連打帶衝地出擊之際，我人也可快步地動步前進，並在動步中邊進邊接勁，將接勁的作為（腳底的穿旋或穿旋深度、能量大小，隨對手的速度、力道，憑目視或直覺判定，而相對作為）於接敵前的時間及空間中瞬間完成，待雙方一接手即可發射勁力。

　　或是對手在原位，我人可以漏沉方式，迎上前去，輕沾接點，「意透對手背後遠方打點」，勁如一列（兩手則為兩列）飛快的火車，由勁力的起點（起站），快速通過接觸點（過站不停），奔向對手背後遠方打點之終點站。

在未接敵之前即有戰勝對手的氣勢，且已蓄勢待發，接上即打，快速無比。勝敗於我人的舉手投足之間，在動中誘敵、在動中破敵。

四、由一成功力打起

不待七、八成火候的充分具備，才出擊的作戰思維，給了我極大的啟示。在實務上，雙方一搭上手的電光石火之間，雙方那容得對方一切準備好再挨打？所以才有「對方勁未出盡，未變招之前」是最好的發勁時機之說法。加上個人多年來陰陽運作的熟練度提升，已能從一成功力的太極結構，在瞬間內可創造無數太極結構的加壓累積能量的能力，更加強了「由一成功力打起」的思維。

五、虛擬空間的開發

人體的實體空間由於是由實質的物質所構成，因此在勁、力的傳輸時會因實體物質的阻礙而生變，加上手肘的下沉、上升、外翹，腰部的不當旋動，或因膝蓋的屈折等狀況，使勁力折損轉向，甚至於於路線太長（如：由手接到腳，再由腳回到手，總距離約 4 公尺），而耗時。

虛擬空間的開發，除可大量消除以上的缺失之外，身形的變化減小，速度加快（無實體物質的阻

礙），「以意催勁」的能力也可逐漸被培養出來。

因此運作空間成為「實體空間接、實體空間發」、「實體空間接、虛擬空間發」或「虛擬空間接、虛擬空間發」等三種，依功夫層次及狀況需求，自行擇用。

六、續航力的創造

「續航力」表示持續航行的能力，續航力越大功能性越強，此交通工具所用的特有名詞，借用於太極拳領域中，即類似在書上看到「發人數尺或發人尋丈」的字眼。

然而，續航力如何與發勁相結合？以我的經驗，勁力長度先從「得寸進尺」練起，接著「得尺進丈」，為距離上的訓練；另外是數字的訓練，例如 1！唸到 5！或由 1！唸到 10！的訓練。最後將數字與長度合併練習，達到續航力的創造。

七、向自己找空間

任何人上手之後，幾乎都不願讓對手輕易地向內挺進，因此撐頂的情形屢見不鮮，除非高手故意設計為陷阱，則另當別論。既要前進，又要敵人不知道，豈不是兩難的事！所幸，諺語「山不轉，路轉，路不轉，人轉」，同理「你不給，我自己創造」，前進的

反向是自己，向己方求，既具有絕對的自主性，又具有「引進落空」的效果，對手無法有效聽勁，極易落入下風。

八、無招、無式、無形、無相的接戰方式

千招萬式背不完，以招對招不勝其煩，放下招式，何等自在！無招、無式、無形、無相的思維，會讓我人早日邁入內勁的開發上、內在的修為上。有了勁力，就可展現「何處挨，何處發」或「渾身無處不太極」逍遙自在的接勁與發勁。

5-17 「『引進落空』有效距離為1 公分」之說明

拳經拳論中雖然有提到「引進落空」的說法，然而引進之限度多少為合宜？在拳經拳論中未被提到，幾乎還沒有人對此問題投入研究，並將研究數據提供參考。在我的太極拳學習中，經實務驗證「引進落空」的有效距離為「1公分」的心得，後經我精於理工的學生，以學說與理論進行分析，證實這個論述可以成立的，以下與大家分享此奇妙而真實的道理。（以下摘錄自《陰陽相濟太極勁法的科學與應用》第二篇第三章）

一、神經生理學 (Neurophysiology)

神經的訊息傳導是一種電流脈動的傳導，當有刺激訊息傳到細胞膜上，會產生一個動作電位，產生去極化現象，使電流脈動傳導至肌肉細胞以產生反應動作，神經細胞膜內外電位差變化導致傳導神經衝動，如圖 53：

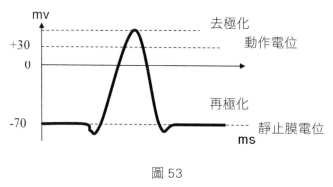

圖 53

去極化作用 (Depolarization)，是指當神經細胞受刺激時，膜外之鈉離子擴散到膜內，使膜內電位由 −70mv 轉變成 0v，然後再變為 +30mv。

再極化作用 (Repolarization)，是指膜內的鉀離子擴散到膜外，使膜內電位由 +30mv 再回到 −70mv。這種電位變化稱為動作電位 (Action potential)，這種動作電位會沿著神經纖維傳遞而形成神經衝動，使肌腱產生動作反應。

二、神經元的傳導　表1

神經種類	傳導方式	直徑 μm	傳導速度 m/秒	機能
A α 　β 　γ 　δ	跳躍傳導	$12\sim120$ $5\sim12$ $3\sim6$ $2\sim5$	$70\sim120$ $30\sim70$ $15\sim30$ $12\sim30$	軀體運動 觸覺 肌梭運動 痛覺（快）
B	跳躍傳導	<3	$3\sim15$	自主神經、 脊神經
C	連續傳導	$0.4\sim1.2$	$0.5\sim2$	觸覺（慢） 自主神經、 梢神經

舉例說明：

1、肌腱運動為 C 類神經傳導，如舉手抬腳局部動作，
傳導速度 $0.5\sim2m$/秒（如引進落空）

2、肌腱與骨骼同時運動為 B 類神經傳導，傳導速度
$3\sim15$ m/秒（如跑步、拳擊等激烈運動）

3、肌網膜為 A 類神經傳導，傳導速度 $12\sim120$ m/
秒（如引勁落空之作用）

※「神經元」是神經系統構造上與功能上的單位，包
括神經細胞體與樹突（接受神經衝動）

三、神經系統的組成　表2

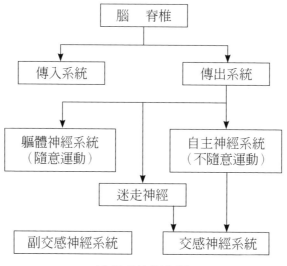

神經系統概念圖

神經系統共有 12 對，頭部有 10 對，身體有迷走神經及自主神經系統。

資料來源：國立陽明大學及美國賓州大學之解剖學—許世昌博士編著

四、神經功能的提高

經各研究機構實驗證明，有氧運動能增加約 25% 的血液氧容量，太極運動能使大腦皮質中樞處於興奮集中狀態，而使其他部分處於抑制狀態，改善高級神經中樞功能，可減輕或消除其他病理的精神狀態。

資料來源：台灣大學附屬醫院復健科實驗報告

五、神經系統運動

由圖 64 可知，由神經末梢手、腳、皮膚等因運動或感覺，傳輸感覺神經到腦神經，再由腦神經傳遞運動神經、自主神經到交感神經及副交感神經。因此我們運動時，要有手、腳、皮膚等接觸的動作以及意念配合，以造成傳輸速度維持活化功能，例如太極拳，麻將及其他接觸性耐久性運動。激烈運動導致肌肉張力過度時，會刺激高爾基體，抑制神經元的活性。

六、神經系統反應

手、腳、皮膚等接觸的動作訊息，傳到腦部經腦神經處理後，將反應訊息傳遞到其他組織作反應動作，再反應腦神經完成修正動作，其路徑長度超過 2 公尺，而 C 類神經屬於梢神經（神經末梢）反應時間，由上表可知約為 0.5m/ 秒至 2m/ 秒（即 5cm/0.1 秒～ 20cm/0.1 秒），以致對於 0.1 秒時間內 1cm 的感應無法處理。

一般人用力時，其骨骼肌肉的運動速度約為 5cm/0.1 秒～ 1m/0.1 秒，其作用力為物理量的極限（所以短跑 100 公尺之極限時間約為 10 秒），產生的反作用力為他人由墮性轉為動性的反抗力，若其速

度為 1cm/0.1 秒（小於神經反應時間 5cm/0.1 秒），其作用力導引他人由墮性轉為慣性，而無法轉換為反作用力，即難以處理 0.1 秒內 1cm 的感應。

　　B 類神經屬於脊神經（中樞神經）反應時間，由上表可知約為 3m/ 秒至 15m/ 秒（30cm/0.1 秒～150cm/0.1 秒）。腦→胸椎→腦的往返距離，其長度約為 90cm，超過 0.3 ～ 0.06 秒時中樞神經能有效反應。所以在 0.3 秒內需開始動作，將他人由墮性轉為慣性而移動重心，重心偏移再持續加速用力時，因慣性移動而無法產生反作用力，祗有繼續被移動（被發出去）。若運作距離大於 5cm/0.1 秒 （變成拉力）或停頓 1 秒以上，對方神經系統即能有效反應而無法再有效施力。

七、重心移動（感覺系統）

　　生理平衡（Physiology of Equilibrium）可分為靜態平衡（Static Equilibrium）負責一維平衡（對重力之方向定位）。以及動態平衡（Dynamic Equilibrium）負責三維平衡（維持身體位置的反應）。經實務驗證，移動小於 1.5°(2.61cm) 腦平衡細胞有知覺，但在重心自然平衡控制範圍內，神經系統不及於需要反應，如圖 54，其本能會自然平衡恢復重心位置。如果移動超過 1.5° 腦神經系統立刻平衡反應。

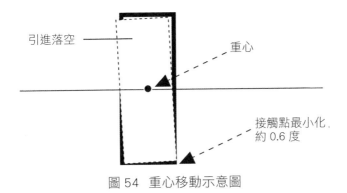

引進落空

重心

接觸點最小化，約 0.6 度

圖 54　重心移動示意圖

　　某物體高 2m，底座厚度 20cm（ab 間之厚度）其重心約 1 公尺高，引進落空時重心移動如下：

$2 \pi R \times 0.6° / 360°$

$=2 \times (3.14) \times 0.6° / 360°$

$=1.04cm$

　　我們運用此種身體本能反應，引進落空時，於 0.1 秒引進 0.6°，相當於 1.04cm，相對重心移動 0.3°（0.6°/2），相當於 0.52cm（均小於 2.61cm），此時該物體底座與地面接觸點最小化（僅有 a 點接地），另端 b 點離地約 0.1cm（1.04×20/200）。

　　對人體而言，腳跟已離地，身體與重心有前傾（1.04cm 與 0.52cm），雙腳有空虛感覺，其重心重量的作用力要往後動（萬有引力）以恢復原有重心位置，此時我們順勢往前推，配合作用力的移動，對方祇有繼

續後退移動。

八、以人體動力學說明引進落空之運作

1. 運動生理慣性反應

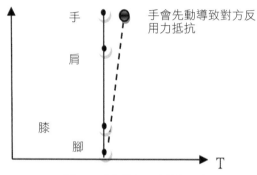

圖 55 運動生理慣性反應圖

2. 人體動力槓桿原理

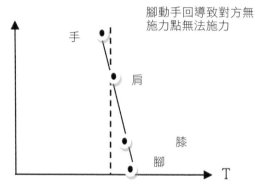

圖 56 人體動力學槓桿原理反慣性運作圖

3. 引進落空時序

　　依「人體動力槓桿原理」的道理，腳先動（腳進），再帶動手動（手出）的些微時間差下，會導致對方找不到施力點，以致無法施力的現象，其如圖 57 所示：

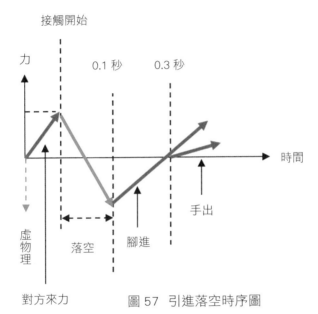

圖 57　引進落空時序圖

說明：(1) 當對手之來勁力道（左上方之紅線）與我人開始接觸。

　　　 (2) 我人即以陰沉（向下之藍色虛線）使對手落空。

　　　 (3) 先由腳向前出擊，繼而帶動手部向前出擊，則可生破敵效果，若為手先出，易導致對方抵制。

以上「『引進落空』有效距離為 1 公分」之說明，係在雙方互動中，單一方或雙方，都採行小圈甚至是無圈的運作下，可發揮「勁發人飛」的科學道理。

5－18 藉助「哈勃望遠鏡」的運作原理，提升太極勁法的效能！

一、前言

1946 年，美國天文學家萊曼・斯皮策，發表了一篇題為《在地球之外的天文觀測優勢》的論文，提出了把望遠鏡放進外太空的想法，並且說明了其中的兩大優勢，一是可以不受大氣層的干擾，使照片清晰度無限的上升。二是可以觀測到被大氣層所吸引的紅外線和紫外線波段。也就是說空間望遠鏡的性能，將會遠遠超過地基望遠鏡的性能。

此後斯皮策為他大膽的想法，奔走遊說了無數歲月，終於在 1962 年，美國國家科學院，同意將空間望遠鏡作為未來太空計劃的一部分。隨後成立了空間望遠鏡的科學委員會，萊曼・斯皮策 被任命為主任委員，1968 年 NASA 正式確立了在太空建造反射望遠鏡的計劃，該望遠鏡之後被命名為哈勃望遠鏡，用以致敬偉大的天文學家，星系天文學和觀測宇宙學的創始人 埃德溫・哈勃！

1986 年哈勃望遠鏡建造完工，但好事多磨，幾經耽擱，到了 1990 年 4 月 24 日終於順利升空，將哈勃望遠鏡送進了距離地表 600 公里的軌道，開啟了它太空探索的傳奇，令人震撼的場景畫面不計其數，它帶領我們解開了閃耀星空背後的一個個謎團，為人類探索浩瀚宇宙做出了重大貢獻！

二、啟發

以上資訊給了我兩項重要的思緒，其一是干擾的規避，其二是能量的傳輸。

在干擾的規避方面，將哈勃望遠鏡送進距離地表 600 公里的軌道，再由此軌道向外太空進行觀測，可避開了由地面觀測時，受到大氣層內風、雨、雲、雷、電、甚至烈日、颶風、陰霾等各種惡劣天候的干擾。

在能量的傳輸方面，要將哈勃望遠鏡送到距離地表 600 公里的軌道，需要產生等量於推送到此距離所需燃料量（後噴能量）的配置，涉及陰陽的同步存在問題。

三、借鑑

在太極拳（或一般武術）雙方對陣接觸的狀態下，假設在甲方運用勁力將乙方勁射而出的過程中，都存

在著出手、弄拳、招式變化、空間移動等露形露相的現象，有如大氣層中的各種天候，有被觀察且易受干擾的情況發生，而生效果不佳的問題。若能以發送哈勃望遠鏡到太空軌道的模式，讓甲乙雙方之間易被觀察感知的空間略過，將勁力先拋鎖在對手的肩頭、背上或對手的身後一尺、二尺（「意透對手背後遠方打點」一詞，寫在 2005 年《細說陰陽相濟的太極拳》的 P. 132），然後再由對手肩頭、背上或對手身後 N 尺發射勁力！

在正常情況下雙方對陣，經一陣纏磨後，由己方向對方傳輸勁力能量時，很難逃過對手的肉眼觀察及肌膚感應，想由正前方大剌剌地前進，彼此都是相當的不容易，但若能越過此空間，將勁力直接拋鎖在對手肩頭、背上或對手身後 N 尺處，那情勢就改觀了！既可迷失對手的觀察及感知，又當發勁剎那勁力往對手身後出發時，對手身後並無可應戰防衛的部隊，由此通路通過，破敵效果極佳！

上面提到的「拋鎖勁力」到對手肩頭、背上或對手身後 N 尺的操作能力，猶如拳經的「有上則有下」或「有前則有後」，或像車子欲要前進多少距離的同時，排氣管需同時排放出等量於車子前進（陽出）的

後噴能量（陰放），是雙方反向的作功連續運作，並呈現陰陽如圖 58。

圖 58

同時反向運作之長度、速度、能量等都是相等的圖示。

四、我的成長歲月

1. 垂直軸訓練

2003 年已完成腳腿「垂直軸訓練」功法的開發，見（圖 12）及 3 － 4 垂直軸訓練的說明。「垂直軸訓練」是分階進行的，初為純「足弓」的單環轉訓練，接著為「足弓＋腳踝」的雙環轉訓練，再接著是「足弓＋腳踝＋膝窩」的立體三環轉訓練；經久磨練之後其功效請見 3 － 4 的內容。

2.「意力不分」之我見

請見 7 － 9 的說明之外，「用意不用力」、「用意也用力」、「意力不分」三部曲的字句及思維，有其階段性，也有其功能性，內涵至深，而「意力不分」更有我獨到的心得。

五、新世代太極勁法的誕生

經由以上哈勃望遠鏡的科學原理的認識，個人歷年來垂直軸訓練的功法開發，意力不分訓練的突破，正好與此科學原理因緣際會地巧妙結合，且經無數歲月的測試，成效卓著。此運作原理及操作技能，已發揮於我的太極勁法演示中，為太極勁法的運作內涵，打開了別開生面的新一章！

【本章小結語】

大千世界處處皆學問，點點滴滴都有其殊勝的部分，透過接納的心胸、寬廣的視野、多元的學習，以「一專多博，多博豐富一專」的精神，融入原有的學習，會使原有學習的內涵更增光彩，而發光發熱！

第六章 勁所由發—拳架的運行

　　我的太極拳勁內涵不是一套套路，也並非用其招、用其式，而是將萬象之理、太極結構、生理結構及Ｓ形結構，拳理、功法等融入其中的「驅動程式」，藉由拳架運行之一舉手一投足或招式轉換連結之間，檢測其該有的結構，是否都能到位？都有勁力的存在？

　　在測試者進行測試時，能在任何形態之下都能對測試者形成「不打自打」的現象，也就是勁力發射的現象。拳架僅是檢測學習成果的測量儀、檢測工具，因此拳架運行的訓練進度留在對全身生理結構已相當了解，且具操作能力後，才開始進行。

　　垂直軸的運作與大地有關，拳架運行中動能均由足弓動起，因而林氏結構太極拳勁法較適合於無跳躍動作的太極拳體系練習。接下來特將前五章有關於人體運作的內容，藉助鄭子太極拳37式的前13式，進行融入拳架的詮釋。

6-1 拳架運行時應注意的事項

一、腳底向下穿旋開始，凡有陽出同時一定要有陰沉的作為。每一動作，力求「陰」、「陽」結構的呈現（陰陽比值相等同時反向運作之結構）。

二、用反向腳推移（反者道之動），即向前用後腳啓動，向後從前腳推回來。

三、移位時，身體和步動之關係，要「身隨步動」，不可「步隨身動」。

四、移位時兩腿之間，宜用 4 動法方式運行。

五、移位到定位腳時，重心務必確實落在垂直軸上。

六、若左腳為軸心向左旋動時，被動腳（右腳）不可使力，其旋動係由左腳的旋動力帶動，旋動中右腳全腳底板不可離地，腳底與地面要有磨擦、阻滯的感覺。

七、任何一個橫跨、前伸、側點等的單一腳個別作為時，均不可牽動或破壞另一腳原垂直軸的原空間位置。

八、除了「起式」近於豎掌的手型及「白鶴亮翅」之外，所有招式定式時之腕部都不超過肩膀。

九、盤架的速度要均勻。

十、腳底之勁力未傳到手臂時（經由實體空間或虛擬空間均可），手臂不可有作為。

6－2　拳架體系

一、借用拳系

謹以我研發的垂直軸訓練之單環轉，藉由鄭子太極拳的「起式」到「十字手」，共十三式的短式拳架，作為拳架運行的介紹。

第一：由於先前學過鄭子太極拳，對於鄭子太極拳的招式較為熟悉，因此是以鄭子太極拳的招式名稱為基礎，不另創新。

第二：雖然招式名稱相同，實質運行要領與功效卻是截然有別，單環轉盤架法是以足弓為運轉中心，且以腳、腿的旋動帶動身體、帶動手臂，是「身隨步動」的盤架法。

第三：我的太極拳運作理念，是以小圈無圈的動作方式為依歸，外相力求單純，且腳不離地，因此鄭子太極拳第十四式起至第三十七式止，其間有身體上下的單鞭下勢，有腳離地的左右分腳或金雞獨立，以及需迴旋身體的轉身蹬腳或轉身擺蓮等不予採用。

第四：雙方互動接手之際幾乎沒有雙腳立正姿態的現象存在，雙腳分立是人們經常保有的自然狀態，

在自然的狀態下開始盤架或接手應敵最爲輕鬆自在，因此改爲雙腳平行分立的「起式」開始，至第十三式「十字手」結束，因「結束」的關係，而有「合太極」的安排。

第五：接手應敵多在一招半式或一秒以內見分曉。盤架是幫助我人檢視一投足一舉手之際，是否能將所練功法有效組合，形成接發勁所需的能量，進而達到無招、無式、無形、無相的層次，而不拘泥於以招用招的層面上，因此十三式的練習足夠了。

二、以下拳架以「單環轉垂直軸」示範說明

第一式 起式

1、雙腳平行分立，左右腳的足弓同時持續向下內旋（垂直軸的單環轉）（如齒輪 ↻ ↺ 的互旋），形成上升的能量經雙腳的腳踝、小腿、膝窩、大腿、臀、腰、背、夾脊、上臂、手肘、前臂（垂直軸係陰陽同在，陽上有多高陰下也有多深），使雙手臂揚升而起；其動能來自於腳下持續的運作（其根在腳），接著雙腿柱及雙臂內由下而上的螺旋勁力線，有向身體中央包合進來的感覺！（見圖 59）

2、雙腳足弓向下單環轉反旋（如齒輪 ↺ ↻ 互旋），
形成上升的能量經雙腳的腳踝、小腿、膝窩、大
腿、臀、腰、背、夾脊、上臂、手肘、前臂、手指；
同時體內雙臂左右兩條由下而上的螺旋勁力線，有
向身體兩邊反旋開來的感覺，形成雙手掌心相對。
（見圖60）

圖 59

圖 60

3、雙腳足弓同時反向下旋（如齒輪 ↺ ↺ 的互旋），
將形成上升的能量佈滿於雙腳的腳踝、 小腿、膝
窩、大腿、臀、腰、背、夾脊、上臂、手肘、前臂、
手指之際，即由足弓抽引整條勁路線（所以能由足
弓抽引的原因，在於足弓與上列關節部位，已下上
相隨），將手臂向下旋拉而下（還是其根在腳，沒
動到手－身隨步動）。（見圖61）

圖 61　　　　　　　　　　圖 62

4、雙腳足弓向下單環轉反旋（如齒輪的 ↺↻ 互
旋），形成上升的能量佈滿於雙腳的腳踝、小腿、
膝窩、大腿、臀、腰、背、夾脊到肩頭之際，即由
足弓抽引整條勁路，由肩頭旋拉而下。（見圖 62）

第二式 左掤

1、重心由右腳底的陰沉，形成向左腳推移的動力，讓
身體重心推移到左腳的垂直軸上。（見圖 63）

2、左腳為軸心下上單環轉的同時，身體右旋 90 度，面
向原來的右方。左右臂都隨身體的旋勢原勢帶起（右
肘不要折肘為佳），重心仍在左垂直腳上，身體無
向前偏移。（見圖 64）

3、重心由左後腳推移到右前腳，右腳成為新的垂直
腳。（見圖 65）

圖 63　　　　　　　　圖 64

4、在右腳維持軸心不變的況下，右腳向右下旋的旋動
　力，帶動身體右旋的同時將左腳滑出，滑向原腳尖位
　置，卻不破壞右腳原垂直腳的穩定度，重心仍在右
　腳。（見圖66）

圖 65　　　　　　　　圖 66

5、右腳單環垂直軸下旋，待陽升的陽勁旋升而起時，旋移左腳到左腳的垂直軸上。（見圖67）

6、以左腳為軸心下上單環轉，形成上升的勁力，帶動左手循左方向上升，成左掤姿勢，右手旋至右腰處，面向正左方；右腳與左手左掤的同時，被左腳帶動約45度的旋轉。（右腳是被左腳垂直旋動軸所帶動，不是右腳自行向左轉的－虛實分清，由實腳帶動）（見圖68）

圖67

圖68

※ 為便於膝窩（立體三環轉的重要關節）及垂直軸的運作，取高架式拳架盤拳；垂直軸並非用腿絕對撐直，而是由上而下的重力線，垂直落到足弓大地之下，即為最佳狀態！

第三式　攬雀尾 — 右掤

1、以左腳為軸心，左腿柱向右下方下上單環轉，右腳腳底板同步跟著向右旋，使身體轉向正右方，右腳尖點地，仍為原方向，面向正右方。（見圖 69）

2、右腳向右橫跨一小步，落點處與左腳跟的距離約為一肩寬，重心在左腳。 （見圖 70）

圖 69

圖 70

3、左腳為軸心下上單環轉向右腳方向旋出，並旋移重心到右腳垂直軸上，面向左斜方（約在雙腳的中間位置）。（見圖 71）

圖 71　　　　　　　　　圖 72

4、以右腳爲軸心下上單環轉，形成上升勁力將右手「掤」
　出（掤勁是由腳下升上來的能量帶動，不是用手去掤
　的），右手心斜向上。左手在右手後方，手心向下，
　雙手高度約在胸部。（見圖 72）

第三式 攬雀尾 — 捋

1、以右腳爲軸心下上單環轉，旋升的勁力由身後向左腳
　方向，旋送到左腳的垂直軸上，（此時右腳下陰後之
　回升陽，與左腳下陰後之回升陽，會相抗於大腿內側，
　形成扭力及結構力），面向右斜方。（見圖 73）

2、左腳的垂直軸向下旋的運作，形成的上旋螺旋勁力，
　帶動身體垂直左旋，並帶動雙手向左旋出「捋」手。
　右腳不要跟著旋動。（見圖 74）

圖 73   圖 74

第三式 攬雀尾 — 擠

1、以左腳爲軸心的單環垂直軸旋轉，向由左後方旋移重
　心到右腳垂直軸上。（見圖 75）

2、以右腳爲軸心的單環垂直軸旋轉，將旋升的陽勁傳
　送到夾脊，再由夾脊依勁流傳送方式，經上臂、手
　肘、前臂、手腕、手掌擠出去（不是單純由手掌擠
　出去，而是將由下延長而上的大地回饋能量，向前
　傳送出去，有如常聽到的「長江後浪推前浪」地遞
　進；在此陽勁的遞進過程中，足弓下的陰沉作爲，
　仍在繼續著）。（見圖 76）

圖 75　　　　　　　　圖 76

第三式 攬雀尾 — 按

1、右腳爲軸心的垂直軸單環旋轉，旋移重心到左後腳，
　　面向右斜方。（見圖 77）勢，由夾脊向外左右旋開
　　爲平行手，面向正前方。（見圖 78）

圖 77　　　　　　　　圖 78

2、左腳爲軸心的垂直軸旋轉，向左後下旋，並旋移重
　心到右腳垂直軸上，面向正前方。（見圖 79）

3、以右腳爲軸心的垂直軸旋轉，向右後下旋，形成的
　上升螺旋勁力傳送到夾脊，再由夾脊依勁流傳送方
　式，經上臂、手肘、前臂、手腕、手掌按出去（不
　是單純由手掌按出去，而是將由下延伸而上的大地
　回饋能量，向前遞送出去；在此陽勁的遞進過程中，
　足弓下的陰沉作爲，仍在繼續著）。（見圖 80）

圖 79

圖 80

　　以上兩次提到「在此陽勁的遞進過程中，足弓下
的陰沉作爲，仍在繼續著」，即提醒「陰陽同時反向
運作的重要性」；但這些作爲，從外表卻又難以看得
見！

第四式　單鞭

1、右腳爲軸心的垂直軸旋轉，向右後下旋，並旋移重
　　心到左後腳垂直軸上（見圖 81）

2、左腳爲軸心身體垂直左旋，右腳全腳板隨之左旋爲
　　與身體同向的正前方，重心在左腳。（見圖 82）

圖 81

圖 82

3、左腳爲軸心向下旋，旋移重心到右腳的垂直軸上。同
　　時右腳爲軸心繼續下旋，身體隨之右旋。在身體右旋
　　之際順勢帶動雙手下旋，貼近右腰邊。（見圖 83）

4、右腳爲軸心向右斜後方旋出，右手成爲吊手，同時
　　左腳腳尖爲軸心向右旋，腳尖點地，面向左斜方。
　　（見圖 84）

圖 83　　　　　　　　　　圖 84

5、左腳橫跨到左側方，約與右腳跟一肩寬，腳尖點地。
　　（見圖 85）

6、右腳單環轉垂直下上對旋，並旋移重心到左腳垂直
　　軸上。（見圖 86）

圖 85　　　　　　　　　　圖 86

圖 87

7、左腳爲軸心繼續下旋
　後形成的上旋勁力，
　旋動身軀，使面向由
　左斜方轉爲正前方；
　左手與身體同向，右
　手在右後斜方，雙肘
　眼下垂。（見圖 87）

第五式　提手上勢

1、以左腳爲軸心向右垂直旋轉，面向旋成正前方；右
　吊手鬆開成掌形；雙手臂左右如展翅般展開，雙胸
　有被拉開的感覺。右腳腳尖爲軸心與左腳同步向右
　旋，腳尖由左斜方向轉成正前方。（見圖 88）

2、左腳爲軸心垂直軸向右斜前方旋起的勁力，由後背
　帶動雙手成雙提手；與雙提手的同時，右腳向左斜
　方橫跨一小步，與左後腳形成丁字步。面向左斜
　方。（見圖 89）

圖 88　　　　　　　　　　　圖 89

第六式　靠

1、左腳為軸心向　回旋勁力，順勢帶回雙手及右前
　　腳。（見圖 90）

2、出右腳到提手上勢時的原右腳位置，雙手暫時停放
　　在盪下時的位置上。（見圖 91）

第六章　勁所由發──拳架的運行

201

圖 90　　　　　　　　　　　圖 91

3、左後腳爲軸心垂直旋轉，旋移重心到右腳的垂直軸上。同時左手手掌貼到右手臂的肘彎處；面向稍稍偏右的左斜方。（見圖 92）

4、右腳爲軸心繼續向下旋形成上旋勁力，帶動右上臂及肩頭形成右旋的「靠」，面向正前方。（見圖 93）

圖 92

圖 93

第七式　白鶴亮翅

1、右腳爲軸心再向右旋轉；順勢帶動雙手向兩旁斜盪出去，左手成左斜向，右手成右斜向。兩手臂與身體形成的夾角角度相等。（見圖 94）

2、以右腳爲軸心向左旋，左腳同時跟著旋，並向上滑出一小步；同步由下而上的勁力線，經後臂帶起右

手向上旋到比肩膀稍高的角度，左手向左後旋，雙手右上左下，雙手肘對拔微開，手心遙相呼應，面向正前方；背上似覺得有如一把由右上向左下，拉開的一張弓！重心落在右腳下。（見圖95）

圖 94

圖 95

「白鶴亮翅」的學習，對我而言，至少有兩項重大的啟發與收穫。

第一：查找資料了解了，鳥類的飛行靠的是胸肌及背肌，所以牠們的胸肌及背肌都很發達而有肉，不是用翅尾飛行的，這是我提出「翅膀理論」的動機，同時也是我勁力多由後方傳送，不由前方傳送，開發「勁流」論述的理由；此式我都用胸肌擴背肌，帶動雙手臂的。

第二：在此雙手都遠離身體的情況下，當下身體或雙手臂可否承接外力，並能在不變招式，不動空間的條件下，能有效接發勁？若能，表示結構力的合理性及勁力的生成性，是存在的，我做到了！

第八式　摟膝拗步

1、右腳為軸心垂直軸向右旋，順勢帶動雙手向兩旁斜盪出，左手成左斜向，右手成右斜向。（見圖 96）

2、左腳向左斜前方橫跨一小步，貼放在與右腳約一肩寬距離。（見圖 97）

圖 96　　　　　　圖 97

3、右腳為軸心垂直軸向右旋，將身體重心旋移到左腳。（見圖 98）

4、左腳爲軸心垂直軸向左旋升之勁力，帶動身體右半邊的運作，右腳順勢跟著左旋；右上手臂向左旋，左下手臂向右旋，於虛空空間，合抱於身體正前方，上下手臂交疊於身體正中央。（見圖 99）

圖 98

圖 99

5、右手臂順勢向上向前旋到正前方（不要折肘），手背朝上，勞宮朝前，五指朝上，手肘與地面垂直。左手臂則隨身體的左旋旋到左大腿側，五指朝前，手肘朝後。動能皆來自於腳下的陽能，經夾脊依勁流之理由後向前運行的。定式

圖 100

後的左腳腳尖朝正前方，右腳尖為右斜方（與右腳約成 45°角）。（見圖 100）

第九式　手揮琵琶

1、左腳為軸心垂直軸向右旋，身體、右手跟著向右旋約 90°，右腳同步以腳尖為軸心，腳跟向左旋，腳尖朝正前向。（見圖 101）

2、右腳向前上一小步。（見圖 102）

圖 101　　　　　　　　圖 102

3、左後腳向右前腳旋動，並移入右前腳的垂直軸上（見圖 103）

4、右腳為軸心垂直軸向先向右旋，再向左旋，使面向左方，側身提雙手。（見圖 104）

圖 103

圖 104

5、右手先下後上地↻起，
　左手先下後上地↻起。
　左腳向右方橫跨一小
　步，與右後腳成丁字
　步。定式時其勢如第五
　式提手上勢的左勢，雙
　手成平行，左手較長，
　右手較短，右手的手掌
　與左手的肘彎處看齊。

圖 105

第十式 攬膝拗步

1、右腳為軸心向右垂直軸旋轉，順勢帶動雙手向兩旁斜盪出。（見圖 106）

2、左腳向左斜前方橫跨一小步，貼放在與右腳約一肩寬距離。（見圖 107）

圖 106

圖 107

3、右腳為軸心向左垂直軸旋轉，順勢將身體重心旋移到左腳，面向右斜方。（見圖 108）

4、左腳為軸心垂直軸向左旋升之勁力，帶動身體右半邊的運作，右腳順勢跟著左旋；右上手臂向左旋，左下手臂向右旋，於虛空空間，合抱於身體正前方，上下手臂交疊於身體正中央。（見圖 109）

圖 108

圖 109

5、右手臂順勢向上向前旋到正前方（不要折肘），手
　背朝上，勞宮朝前，五指朝上，手肘與地面垂直。
　左手臂則隨身體的左旋旋到左大腿側，五指朝前，
　手肘朝後。動能皆來
　自於腳下的陽能，經
　夾脊依勁流之理由後
　向前運行的。定式後
　的左腳腳尖朝正前
　方，右腳尖爲右斜方
　（與右腳約成 45°
　角）。（見圖 110）

圖 110

第十一式　搬攔捶

1、左前腳為軸心垂直軸左旋，順勢向左方後旋移重心
　　到右腳，使成垂直腳。（見圖 111）

2、由右後腳左旋，移重心到左腳。（見圖 112）

圖 111　　　　　　　　　　圖 112

3、右腳以套步方式向右方劃圓移出一步。（見圖 113）

4、右腳向右旋移重心到右腳垂直軸上之剎那，由右腳
　　底之勁力將雙手連同左腳一起向右「搬」，定式時
　　其形有如「手揮琵琶」。右手成拳（不握實的空心
　　拳），右前臂置於右腰邊，左手為掌，面向右側方。
　　左前腳向前滑一小步，與右後腳約為一肩寬。（見
　　圖 114）

圖 113　　　　　　　圖 114

5、右腳向左後前旋，左腳向右後回旋，左手的前手臂
　順勢向身體旋折回來，是爲「攔」，旋折回來的左
　手掌心微貼右拳上。面向左右腳合成 90°角的中間
　分角線上。（見圖 115）

6、左腳向左旋，並推移重心到左腳垂直軸上之際，左
　手不動，右手則隨身體的左旋旋出右「捶」（右手
　臂在下，左手手掌在上），右腳腳跟爲軸心，腳尖
　順勢向左旋 45°，面向轉爲正前方。（見圖 116）

圖 115

圖 116

第十二式　如封似閉

1、左腳為軸心垂直向後回旋，由腳底的旋升勁力，旋移重心到右腳垂直軸上之際，左手掌從右手臂，以↺左下右上方式旋動，右手則隨身體的後移，移到胸前與左手相交成 × 形，面向右斜前方。右腳為軸心垂直左腳向右下旋，由腳底的旋升勁力旋移重心到左腳垂直軸上，此時形態被對手封住，所以稱「如封」。（見圖 117）

2、左腳為軸心垂直左腳向左下旋，由腳底的旋升勁力，經身體背後，由夾脊旋動雙手臂向兩邊平行分開，有如「按」手的動作在其中，又有如用雙手將對方閉住，所以稱「似閉」，面向正前方。（見右圖 118）

圖 117　　　　　　　　圖 118

第十三式　十字手

1、左腳爲軸心垂直左腳向左下旋，旋移重心到右腳垂直
　　軸上。雙手手勢不變，面向正前方。（見圖 119）

2、右腳爲軸心垂直左腳向右旋，同步左腳以腳跟爲軸
　　心，腳尖向右旋，右腳維持原方向，面向近於正前
　　方。（見圖 120）

3、右腳向左下旋，推移重心到左腳的垂直軸上，同步，
　　雙手臂重量由雙夾脊向後翻旋沉落於腳底。（見圖
　　121）

4、由左腳向繼續下旋，同時右腳腳尖爲軸心，腳跟向
　　左方旋動，右腳腳形由左斜方轉爲正前方；腳底上
　　升的勁力，帶動雙手向上翻轉，旋起於胸前交叉成

十字手之際，斜推出右腳與左腳在同一高度線上，右腳與左腳寬度爲一肩寬，重心落在左腳上，面向正前方。（見圖122）

圖 119

圖 120

圖 121

圖 122

合太極

1、右腳向右旋，旋移身體落向右腳，重心落在雙腳中間。（見圖 123）

2、雙腳同時向內 ↻ ↻ 向下旋，雙手順勢由中央向兩旁下降，雙手心向後。雙腳同時向外 ↻ ↻ 向下旋，雙手慢慢下沉，身體慢慢升起，完成盤架動作。（見圖 124）

圖 123

圖 124

6－3 驅動程式

　　以上拳架是以鄭子太極拳前十三式為範本，不是新創的套路，所以不新創套路的原因，因為沒有一個套路能真實地詮釋我的運作內涵，要能有適合於我以上太極武學內涵的套路，我早就開發出來了！

我不是靠套路走出來的武學（其實很多拳種也沒套路－如拳擊、大成拳），靠的是自然界萬物萬象之理、太極陰陽之理、身上各關節部位合適的運作之理、拳的拳理、數學之理、意力不分等，點點滴滴組合而成，不是用拳腳的練習，促成那些武學內涵的成就，而是透過那些認知與學習，去幫助太極拳學系統，成就高級太極拳學的一套武學的「驅動程式」！

　　經由以上的拳架簡介，從外相觀察您能看到，我一舉手一投足之間鑽地通天陰陽同出的運作內涵？能看到「陰陽比值相等同時反向運作的結構」的太極結構？能看到生理結構運作問題？能看到Ｓ形結構在裡面？沒有看到，也無法看到，除非您在此領域已有投入！

　　目前簡介的是最簡單的單環轉運作方式（初階拳架），熟練後可精進到雙環轉（中階拳架）、立體三環轉（高階拳架）的運作方式，甚至再進入Ｓ形拳架的運行。在此進階的過程中，還可再加入每個接觸點「一接點中求」的陰陽「點」處理（參見 8－7），作「點」的陰接陽放，以至「渾身無處不太極」，拳架運行中時時處處，都能被測試，都能不破體地一觸即發！

　　擁有這一本書，就彷如擁有了一套拳勁研修的驅

動程式，縱然沒機會學我的套路（假設有的話）。您可自行在任何時間、地點或國度，逐盤、逐層、逐項地融入適合您的太極拳體系中，慢慢地去試練和以往不同的運作模式，去品味另一空間的太極拳架運行，所帶給我們人地結合，渾身有勁的滋味！

6－4　其他見解

再接著，勁道要講求整體勁，有了整體勁則勁整而強。所以在拳架運行的過程中，僅量不要出現局部的作為，要養成由腳底經由腿、腰、夾脊、手肘、到手掌之間形成一條可以接勁發勁的線，甚至於同一時間多處搭點時，腳底與多處搭點處就形成多條線，這一條線或多條線從外表不容易看得見，惟從接手的那一剎那就可以檢測的出來。

在拳架的運行中牽涉到的問題非常多，舉如：
①移形換位無停頓、困死之情形，如行雲流水般源源不斷。
②式與式之間，永遠是往復摺疊，不使有停頓之剎那。
③式式交代清楚，每式將成定式之際，都須有內在的滾動、陰沉陽放之作為。
④每式起動都將意念放在腳底，啟動垂直軸，借回旋上升之勢繼續向下旋化。而漸次形成腿

部、腰部、手部之旋動，以使內部節節貫串上旋之能量，使腿、腰、手不得不動時，才順勢成為拳架。

⑤手部作為皆由新的實腳腳底、內動旋起形成手勢、架式，手部不可隨原來的實腳帶動。

⑥每一動作不可純陰，也不可純陽，要進退同時、陰陽相互呼應、陰陽相磨相盪地運行。

在上面④中提到「……借回旋上升之勢繼續向下旋化……」，即拳經中「……有上則有下，有前則有後，有左則有右……」，陰陽兩種自身的力量相摩相盪之意，有如火箭飛彈的飛行靠著後方持續噴射的火焰，纔有能量供應彈身向前推進的需要，即「陰陽同出、陰陽同在」的道理。因此拳架的運行、接戰中為「先陰後陽」的情況，都還不能稱為真正的太極拳。就像外家拳也有純陰純陽，有進有退的動作，卻不屬於太極拳的範圍。太極拳的特色在於它是否合於「太極」之理，而不在於拳架的招式名稱、外形及門派。

在拳架的運行中若為原實腳推移手部後，成為虛腳的話，則手部無後續的勁力以為支撐，難以承受外力；若在原實腳推移身體及手部到新實腳的剎那，即由新實腳腳底旋出向上升起的勁力，此時的手部與腳底連成一氣，則勁力強而足。

向腳底旋動時要內動外不動地求內在的感覺，使腿、身成為槍管似地讓子彈在槍管內旋轉前進或使腿、身成為水管似地讓水在水管內流動一樣。

在以腳底向下旋動之際，足弓以螺旋鑽頭旋動，其功效大於以腳底湧泉區域旋動的方式。可有效洩放由上而下的來勁力道，增強來勁承受力，增大拳架運行的穩定度，也可使回饋回來的大地之力有效上行。

初練腳底旋動時要慢慢旋動，有如大樹先由種子初發時細細的根鬚，慢慢地隨著歲月的累積，根鬚越長越粗、越長越深，以致盤根錯節地長成枝葉茂密的大樹，能承受強風大雨，所以拳經中「其根在腳」有其道理。

透過腳底旋動的運作產生腳底按摩效果有促進「健康」的價值，透過腳底旋動的運作習得「功夫」，透過腳底旋動的運作可觀察「自然界的現象」，而將自然界現象的大太極與太極拳的小太極組合在一起。集健身、防身、陰陽相濟之理、觀察人間萬象、文句把玩等能力，調整既有的太極拳學習，一舉數得。誠如平常時間常看到的一句話「萬物靜觀皆自得」，用「眼」看用「心」悟，見微能知著，太極拳的學習要用心靈智慧去悟，不純粹靠苦練得來的。

【本章小結語】

　　太極拳有陳式太極拳、楊式太極拳、孫式太極拳、吳式太極拳、趙堡太極拳等，拳架形形色色，速度有快、有慢；姿態有高、有低；氣勢有慢柔、有剛猛，不一而足。多在形相動作、角度高低、氣勢神韻上著眼。

　　我是以五陰五陽、陰陽同在、同時反向運作的太極結構；調理人體各關節部位最適運作，以生最佳功能的生理結構；循 S 形的軌跡，架構於人體手部、腿部及腳下的運行等三大結構，融合於拳架的運行中，使生拳勁效果，著墨於防身、健身、養生的兼顧！

第七章 速度訓練及數字的訓練

速度訓練即時間訓練，在精準完成所欲達成的效果（或答案），而使用時間最短者，常是比賽的優勝者，也可能是記錄的創造者，既快又好，應是自我追求的要項之一。再加數字訓練，會使學習效果更顯突出。

7-1 速度的訓練

一、必要性

太極拳（含勁法）是一種武術，武術總會有試手、接戰的時候，接戰之際勝負常在一觸之間（一觸即發），「快」是勝利的重要因素之一，同時就拳經、拳論而論，也有「沾連黏隨」、「動緩則緩隨，動急則急應」、「敵不動，己不動，敵微動，己先動」、「後發先至」等與「速度」有關的論述，因此重視「速度」的練習是必要的。

二、認知性訓練

1.先陰後陽的練習

接多少讀數，發也多少讀數，假設剛開始接勁的讀數為1！2！3！4！，接著發勁的讀數也是1！2！3！4！。接勁時是將對方來勁力道越接越多、越蓄越多，其走勢為由上而下，有如上小下大的的圓錐體。發勁時將越蓄越多的能量反發回去，其走勢為由下而上，有如下小上大的圓錐體。

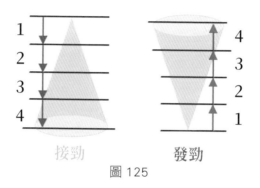

圖 125

在左上方的接勁過程中，心中默唸1！2！3！4！完成，由小陰到大陰越接越多。在右上方的發勁過程中也以心中默唸1！2！3！4！完成，由如小陽到大陽越發越多。

此一個接勁發勁共花掉8！個默唸時間，還不在陰陽相濟合而為一的要求，在實務上還難以應戰的。還必須練到如（圖30）陰陽同在、陰陽同出才行。

2. 陰陽同在、陰陽同出的練習

每一動作均包含陰陽在裡面，陰陽同在、陰陽同出地緊密結合在一起。每進步1！個數字，其接勁發勁的能量要跟前面練習時接勁發勁的能量一樣順暢，則接發同時、陰陽相濟的功夫才算有了火候。

三、落實性訓練

認知性的，誰都會說：「我知道！」但這衹是「心知」而已，還沒進入「身知」的層次。提升速度的概念要時時出現，反應於每一項的練習中，呈現於每一舉手投足間。

1. 實務練習

以「左後腳移到右前腳」4動的4動法為例：

(1) 雙腳均為陰陽同出練法，且雙腳間又有陽出陰接的運作方式在裡面。（參見圖23）

(2) 各動不要超過0.5秒，4動總和不超過2秒。

(3) 不超過2秒的訓練，漸進於1秒，再進於1秒以內。

(4) 接戰時沒有移位，衹有心中的4動軌跡即可發勁。

(5) 實戰時與對手相互動步中，能快速完成前3動，接手之際就是第4動發勁之時。

2. 精進練習

每一個動作或功法的練習，在不改變原有動作的流程下，由 5！→ 4！→ 3！→ 2！→ 1！；由 1 秒 → 0.9 秒 → 0.8 秒 → 0.7 秒 → 0.6 秒 → 0.5 秒 → 0.4 秒或 0.3 秒、0.2 秒、0.1 秒的實現；或上、下、前、後、左、右「統合為一」一氣呵成的運作能力，越加精進。

同時不論功法的訓練、拳架的運行，接發勁的處理，除了局部動作由慢到快，由局部擴及全體的訓練之外，還要提升到心念為 1！時，已能達到「一觸即發」及全身「一動無有不動」整體勁的呈現，始臻大用。

3. 變化練習

接戰貴神速，勝人在一沾之中，既是接戰的需要，也是一種藝術的表現，除了單次接發擊打的速度之外，上手的啟動速度、運行到位的速度、手法的變化速度、過程中轉向的速度或反應的速度等都還有值得加強練習的空間。

7－2　數字的訓練

數學的數字、數量、距離、時間等，在我的太極拳勁研發歲月中，有著千絲萬縷的關係，其中又以

「數字」為代表，縱然是數量、距離、時間等，還是需要數字來表示數量的多少、距離的遠近、時間的長短，作為活動、買賣、學習、計量的依據或參考。

曾經在一次婚禮迎娶的過程中，我問當下的擇日風水師，為何要取這個時間點，他很直白的說那個時間不是最重點，而是有了時間就可安排流程，便於程序的進行。由此聯想到我們生活中常有的一句話「現在幾點了？」，因為那個幾點關係著起床、上下學、上下班、開會、約會、睡覺等不一而足的種種內容，可知數字是我們生活中非常重要的一件事，它是「啟動動作的動能」！

在我學習、教學的過程中，幾乎不離它的存在，本書從頭到這裡為止的排序、圖示、解說，那一項沒有數字在其中？甚至在我發勁的過程中，都還有串聯的數字在奔放著，而有「可創造續航力」的字眼，數字是我成就功夫的重要推手！

上述「在我發勁的過程中，都還有串聯的數字在奔放著」，是我進行「意力不分」訓練的方式之一，又因持續運作在臨界點前，瞬間形成的累積能量，即為最適時適量的剎那，而有「創造發勁的時機」的心得。

以上「啓動動作的動能」、「可創造續航力」、「創造發勁的時機」都是由「意力不分」的實作中體驗出來的！

　　此外，要發多遠就要下旋多深；反應動作要與對手的時間、速度、能量相等（動緩則緩隨，動急則急應）；動作距離一公分以內，動作時間一秒鐘以內，發勁距離一公尺以上的數字操作理念，都是成就我太極拳勁功夫極重要的助力！

【本章小結語】

　　兵貴神速，速度訓練是不可須臾或離的途徑，而數字又是其中不可或缺的工具，可為我們開發出「啟動動作的動能」、「可創造續航力」、「創造發勁的時機」的特質！

第八章 勁法問題面面觀

在太極拳界對於太極勁（能量）的產生，計有以丹田運作的、以筋骨肉運作的、以生物力學方式運作的、以經絡的運行運作的、密宗「三脈七輪」的練法或陰陽相濟之組合方式運作等等的說法或練法。

各家練法各有其特色，然而其特色不在此文討論範圍。我是以陰陽相濟方式運作為主之「太極結構」、輔以筋骨肉運作的「生理結構」及 S 形運作的「S 形結構」，從而組合出強大的勁力能量。

我的「太極結構」之陰陽相濟，不是「先陰後陽」之陰陽相濟，不是「虛實分清」一者為實一者為虛之陰陽相濟、不是「動作變換」之陰陽相濟，不是「由陰接陽，再由陽接陰」循環無間之陰陽相濟，也不是「先練柔，後練剛，再練陰陽相濟」有時間差之陰陽相濟；而是「陰陽同在」、「陰陽同出」、「同時間同空間」、「渾身無處不太極」之陰陽相濟。

也就是說，陰陽為「比值相等同時反向運作之結構」之運作關係，陰陽之運作關係不是一分為二，而是二者合而為一，即拳經所謂的「有上則有下、有前則有後、有左則有右」，二者間無時間差，且為同時存在的運作關係，此理念不僅貫穿於我全程的教學中，還呈現於所有的肢體動作及拳架運行中。

我最大的體驗，勁力能量不是求來的，不是苦練來的，是依我所認知的「太極之理」循序漸進地成長出來的！孕育於「太極結構」、「生理結構」、「S形結構」及其他學習內容之「林氏結構」太極拳勁法，可以幫助您學到相當程度的發勁能力。

8－1 勁力的產生

我的勁力產生，悟到於「陰陽比值相等同時反向運作結構」之運作關係，「五陰五陽稱妙手」之組合關係，「有上則有下，有前則有後，有左則有右」之空間關係中。源於心中常掛太極圖，把玩太極圖，時時以太極圖騰與當下的動作相比對、相驗證，而漸漸感知拳勁功夫的奧妙道理在太極圖騰裡！

另與自然界萬物萬象之理或現象相比照，並沒丹田的問題存在，有的是太極陰陽的問題在其中。因此自然界的大太極與人體的小太極相呼應的話，是否可

不談丹田這個空間？事實上我本身早有氣功的修爲，但當我逐漸進入「人＋地」的空間，引動地力爲我人所用；腳腿垂直軸訓練的開發其基本能量已大於人體丹田力，又加垂直軸的深層穿透力，引動的地力，總合能量更是強大。所以現在已將氣功放下，專攻「人＋地」或「人＋地＋天」的空間！

8－2　接發勁的訓練

一、漸進式、滲透式的運勁方式

　　漸進式的運作方式會使對手難以察覺，但眞實的勁力已在滲透進行中，當對手眞正覺察時，爲時已晚。俗諺「小不忍則亂大謀」的概念移進實務上，漸進式、滲透式視爲小忍，將對手發出去視爲大謀，也就是說「小忍可獲大利」！

　　「擊敵如迅雷不及掩耳」的運作方法，看似快速，卻給人強烈而清楚的感覺，因爲容易暴露形相的關係。在實務中慣於快速出擊或追加一擊作爲者，很容易被對手順勢牽引而出。

　　雖然兵貴神速，但不是單純陽出的快，也不是出手的快，而是陽中要有陰，是陰陽同在且爲反向運作的快，才有實質的意義。

二、背部的接發勁訓練

背部的接發勁初期採「線」的方式訓練，先由接觸點將勁接入腳底，然後再由腳底向接點發勁的運作方式，由於是「線」的走法，路線長時間慢，難符需要。待「點」接勁能力具備之後，則在接觸點上直接以「點」處理，纔能呈現「何處挨何處發」之美！

三　前後的接發勁訓練

前後的接發勁訓練，先由各關節部位的對拔拉長練起，接著練「三直發勁法」，再接著練習「前後的發勁法」，最後練到隨時都能同一時間前後發射，始臻完美。

四　、「鎖勁」的訓練

「鎖勁」是一個稀有名詞，是在「陰陽」運作，與「意」運作並行的歲月中提煉出來的心得。早期是透過腳底「陰」與「意透對手背後遠方打點」的作為組合而成；現在已能單獨由手部進行「拋」、「纏」的方式，以「意力不分」方式鎖住對手的相關部位。

在發勁之前能鎖住對手，則對手進也不得、退也不是，發勁就顯得輕鬆自在，因此有了「化、鎖、進、打」的看法，於是「能接才能發」的說法，進一步成為「能鎖更能發」！

五、「意力不分」的訓練

意力不分的道理，在「『意力不分』之我見」一文中對其重要性已作陳述。其訓練方式為「意」、「數字」與「勁力的運使」相配合，例如：唸1！時向對手以「意」進半尺，勁力即能送到半尺的位置；接著唸2！推進到1尺，勁力即能送到1尺的位置；餘類推。

到了操作能力相當熟稔後，再往1！為1尺，2！為2尺（是1尺＋1尺）或1！為2尺，2！為4尺（2尺＋2尺）的長度挺進；但不可能無限長，因人體是有限的物質組成，能量到底有限，不可能無限大、無限強！

8－3 由「引進落空」進入「引勁落空」境界

「引進落空合即出」源自王宗岳的《打手歌》，其全文是「掤捋擠按須認真，上下相隨人難進，任他巨力來打我，牽動四兩撥千斤，引進落空合即出，沾連黏隨不丟頂」。其中的「引進落空合即出」是許多太極拳家及太極拳書籍最常引用的字眼，也是最被拿來解說的部分。

本文的重點不放在「合即出」的部分，而是如何在「引進落空」的基礎上，進入「引勁落空」的化勁層次上，就一般人較少提及的「引勁落空」，進行分析與說明。

一、引進落空

「引進落空」是以「體外空間」的進退轉換，進行接化的作為。以體外空間的進退進行接化的作為，在我的體驗中，大致可分為：

1. 沾連黏隨之引進落空

接搭點與對手保持「不丟、不頂、不抗」的狀態；等量於對手來勁力道之接化作為。

2. 似接非接之引進落空

接搭點與對手維持「若及若離」的狀態；稍大於對手來勁力道之接化作為。

二、引勁落空

「引勁落空」不需「體外空間」的進退，係在接搭點上將對手之來勁力道，由「體內空間」進行接化的作為。在我的研發歲月中，可分為以下兩種：

1. 純接化之引勁落空

接搭點不進不退的方式，將對手之來勁力道由接搭點處引化；此法雖優於「引進落空」之運作模式，但僅接化而無同步反陽，待要再出擊時，時已遲滯，應敵效果差。

2. 接發同步之引勁落空

接化中同步必含反陽於對手勁源處之勁力，既具承載力、速度快，外相隱藏，空間時間幾乎歸零之特色，還合於「陰陽同出、陰陽同在」的陰陽相濟之理！

「引進落空」與「引勁落空」，是截然不同的修為層次。我的心得「引進落空」是「引勁落空」的入門磚，「引勁落空」是進入「渾身無處不太極」的進階磚。

8-4 接手問題面面觀

雙方對陣之際，不論被動的接或主動的搭，由手部的接觸開始幾乎是不變的現象，因此手部如何與對手接觸是你我必須面對的課題，不容輕忽。

一、接手前

兩人對練時，以腳帶手，手將到定位時須有「陽將盡須回陰」的作為。到定位時，腳手之間，還要有

連續陰下陽上的「太極之體」的建構。

應敵時，先審敵以決定應輕或應重的「太極之體」的建構，提刀上陣地護自我中門，取對手中門或以「牽引手」及「S形延展手」的組合，意鎖對手背後遠方打點，以及「小S形」的手法備戰。

二、接手時

以一公分以內之「引進落空」或以不作空間進退的「引勁落空」法接化來勁力道；由肘腳相隨接勁；由夾脊接勁；由腳底接（腳接手）勁；甚至於接勁中含鎖勁（鎖在對手背後或背後遠方打點）的方式接手。

三、發勁時

起身前進之際，接點處「原空位」的維持；在短暫而連續前進中，由原接點處將與對方連續衝擊擠壓的勁力，引到肘彎或夾脊，並與由腳底旋昇而上的勁力會合於夾脊，提供出擊所須之能量需求；出擊之能量，以滲透式、漸進式進行，不使對手清楚感覺我方之來勁力道；出擊時全手臂以五次或十次的勻稱節奏發放（含手肘開展）；以發勁如放箭的方式放勁；以足弓持續發勁；以及同一時間上、下、前、後、左、右的六合；形成多元組合、一氣呵成的方式發勁，都是可行之法。

8－5 勁力傳輸的模式

一、由手臂接搭點出擊

我方　　對手

※ 坊間的常態運作模式。

圖 126

二、由我方背後出擊

我方　　對手

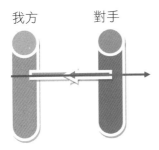

※ 依勁力傳輸的「勁流」之理，由我方背後經一定的「空間」及「時間」，將勁力發放給對手的運作模式。

圖 127

三、由對手後方出擊

我方　　對手

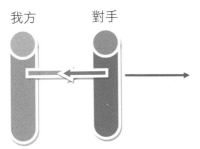

※ 依「哈勃望遠鏡」的科學運作原理，進行勁力發放的運作模式。見 5 － 18 的說明！

圖 128

8-6 落空與補空

「落空」者，指以移動身形的「引進」或不動身形的「引勁」方式，將來勁力道沉落消失於虛空或沉落於我人腳底下之作為，此項作為多在雙方由上手到接搭手的瞬間進行的。

落空的方式中，最被大家熟悉的是「沾連黏隨」的「引進落空」，在不丟、不頂、不抗中以身形、步法、空間與對手同步運行，此種運作方式多為有形、有相、有招、有式的動態作為。

另一種方式，是透過體內通路開發的「引勁落空」，我是經由腳與腿的「垂直軸訓練」，以足弓為起動點下上同步運行，經長久訓練，形成下陰上陽反向螺旋的體內通路線，在體內建構出兩條類似高速公路的快速通路，落空來勁力道時，皆以小動或不動形相地由體內通路進行快速傳輸（引勁落空的領域或有其他運作方式，不在本文探討範圍）。

「補空」者，是指填補空隙之意，所填補的部分大致也可分為兩方面探討，第一個方面是與對手接觸的接搭點處之處理，第二個方面是自身體內與接搭點間之連繫狀況問題。

從「與對手接觸的接搭點處」看，雙方接觸的剎那，可能是輕度接觸，可能是中度接觸，也可能是重度接觸，不論何種接觸，接觸面總會有空隙的存在，此時若直接由手陽出，對手的感應會很敏銳。因此宜先填補此空隙使與對手無空隙地合為一體，讓對手難以發揮聽勁的效果。

從「自身體內與接搭點處間的連繫狀況」看，由腳底到接搭點處之間是否有一完整的連繫線，此連繫線可由上述的腳腿「垂直軸訓練」予以建構，使軀幹內有了氣勁通路，由我人的腳底，經自我軀體、雙方接搭點，甚至再延伸到對手身後的打點上，都能有效連繫完整一氣，才能內外相合、下上相隨。

由上分析大致可知，「落空」屬於接勁剎那之當下作業，「補空」屬於發勁剎那之前置作業。其間之運作空間大小、速度快慢、通路順暢、通路深淺、細膩程度等，都關係著接發勁的效果。

8-7 體、面、線、點的處理

一、「體、面」的發勁

　　發勁時身軀係整「體」、全「面」地向前發出去，看似強勁有力，但動作大，身形體相明顯暴露，稍有差池（例如身體先出或後腳底懸空等），一去不回地前衝出去，易為對手牽帶而出。這種發勁方式，多為起步階段的發勁練習。

二、「線」的發勁

　　「線」的發勁，係指以腳出手回或腳回手出，即同時「有前即有後」或「有上即有下」的方式運作。其形態呈現方式為　①發人者← →被發者，②發人者→ ←被發者，③發人者被發者等多種形態。

三、「點」的發勁

　　若對手出手速度極快，我人沒有可運作勁路的時間或沒有可運作的空間之狀況下，卻又必須接發勁的話，惟有靠「點」處理才可能解決問題。

　　那裡接就那裡發，這種「點」的處理相當不容易，非具有相當的火候，是很難發揮的出來的。「點」的發勁，簡單作如下兩種介紹。

1. 一般性的

（1）左胸（或右胸）接發勁法

身軀（由上而下鳥瞰圖）

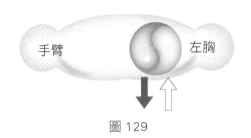

圖 129

上圖右邊空心箭線的箭頭處，代表對手的來勁落點，我人先以「陰」接方式化解，接著左邊的實心箭線，表示以「陽」發方式將勁力回轉給對手。「陰」、「陽」的作爲，需在幾乎同一時間（約半秒以下），陰陽比值相等的陰陽相濟運作下，才具有承受及發放的能力。

（2）胸口（或腹部）接發勁法

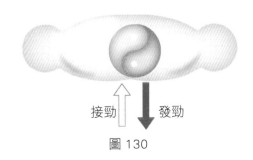

接勁　　發勁

圖 130

對手的來勁力道向我人身體的胸口或腹部進襲，我人一樣以半秒以下，陰陽比值相等的陰陽相濟方式處理，發揮勁發人飛的效果。

以上兩圖中太極球體之大小，在運作時須與對手接觸時之接觸點大小相當。若為拳頭即為拳頭大小，若為手指即為手指大小。

2. 一接點中求

「一接點中求」這句話是李經梧（見註）提出來的，其內容是「動之至微、引之至長、發之至驟」，而今我也已有這方面的能力與心得，以下是我的見解。

（1）「一接點中求」的價值、理由及層次
 （a）外在形相極小（動之至微），對手觀察不易。
 （b）外在動作少，接戰速度快（發之至驟）。
 （c）可越過「體」、「面」、「線」的運作範疇。
 （d）可體現無招、無式、無形、無相的精神。
 （e）可實現大圈→中圈→小圈→無圈流程的無圈特色。
 （f）可實現「何處挨何處發」的境界。
 （g）最接近「應物自然」的層次。

（2）「一接點中求」的實現途徑
  （a）「陰陽比值相等同時反向運作之結構」
      能力的培養。
  （b）拳架、推手的放下。
  （c）散手、接手的訓練。
  （d）垂直軸、漏沉（引之至深）、化鎖進
      打、引勁落空（動之至微）、意力不分、
      點處理等能力的培養。

李經梧提的是「動之至微、引之至長、發之至
驟」，我則依我功法之修練走向及運作內涵，將「引
之至長」改為「引之至深」（經垂直軸及漏沉的訓練
後，有『至深』的事實！），成為「動之至微、引之
至深、發之至驟」的新文句。

接即是發，化即是打，在接點上下工夫，在縮短
時程上下工夫，陰陽同在、陰陽同出，將陰陽相濟的
道理隱含其中，點點能化解來勁，點點能接能發。突
顯「體、線、面、點，『點』精妙」的發勁特色。

註：維基百科－李經梧（1912 年－1997 年），山東
　　掖縣人。中國一代太極拳大師，曾分別拜師學
　　習吳式太極拳和陳式太極拳。為傳統吳式太極
　　拳、陳式太極拳正宗傳人。

8-8 接勁發勁的實用技巧

一、接勁

首先要有「聽勁」的能力，聽勁不是用耳朵聽。是透過推手的練習，用手、身體的觸感去聽，從搭點處測度來勁力道的大小、方向、意圖等。講到聽勁就難免涉及理念思維的問題，很多人總是說要能達到「一羽不能加、蠅蟲不能落」，且又能「沾、連、黏、隨」而能「不丟、不頂、不抗」的境界，這種看法有其思考面。然而在一陣纏磨再伺機發勁的狀況下，已是「先陰後陽」有時間分隔的太極勁法，而不是陰陽相濟統合爲一的太極與我所強調的「無招、無式、無形、無相」看法。同時在纏磨的過程中對手的陰陽變化不易掌握，而自己一味地曲伸蠕動也難免暴露自我缺失的可能，給予對手有繼續施勁、發勁的機會。

搭點不進也不退，由搭點以初階的接勁或中階的接勁方式接引入腳底，因勁接於腳底的關係所以已是「不丟、不頂、不抗」的狀態，「不丟」者對手的手仍然在原搭點上、「不頂、不抗」者對手的來勁力道已成爲我方腳底的蓄勁，在我方未發勁之前，不存在「頂、抗」的問題。

這種能力的呈現，其前提是平日裡先「要練到對方勁力加在我方身上時，接點處幾乎不動而能由接點處抽卸對方勁力於腳底，待對方快速抽手退回時，我方人身及重心不會因此而崩出去或衝出去」，這種能力的培養是不可或缺的途徑。

　　同時搭點處能在第一時間作出陰陽轉換的話，則對手的勁力因我方陰的作為而被消解，又因我方陽的作為被封鎖而困死在接點上，其後主動控制權全在我方。這種點的路線速度快、勁道整！因此如何在原接點上下工夫，既是一種思維也是一段需要投入的歲月。

二、發勁

　　常言道：「能接纔能發」或「能接必能發」，可見得要發勁，接勁是重要途徑。然而接勁接的對不對，接的合不合理，必須與發勁同時進行，從中去發現問題所在。此外在接勁、發勁中發生的問題，還須從拳架的結構中或拳架的運行中找問題。

　　在未達完美境界之前，每次與同好切磋發勁時要能即刻刻找出自我的缺失，也要能找出對方的缺失，試著自己做老師，因為老師不可能隨時都在我們身邊的，要試著自我學習、自我成長。

發勁起始到對方被發出去的過程中及發出去後，自我人體全身舒暢或不順暢的感覺與以前是怎樣的不同？要能達到前後腳可以個別發勁，雙腳亦可同時發勁，日積月累地習練、體會。

當我們的接勁能力逐日增強，發勁效果也不錯之後，發勁時大致還須注意的問題，是發勁後不可一路發到底而不探討過程中存在之問題，例如要能感覺出在接點處是否有與對方頂抗之情形？對方是否正在接勁化勁？自己的勁路是由手推、由夾脊發、出腳底發或由對手的背後發出？雙方皆為陰之運作？皆為陽之運作？己方為陰對方為陽？己方為陽對方為陰？或雙方皆為陰陽相濟、陰陽同出等之感應？除了隨時了解對方之作為、實力外，也須隨時修正自我背勢為順勢或製造陷阱，化、鎖、進、打，一發之後無有不變，在變中克敵。

8－9　接戰時太極陰陽之處理

接點處能轉化陰陽（小太極）之外，並能將接點處的陰接引入腳底（大太極的陰），形成腳底的陰接（中太極的陰），再由腳底反陽（中太極的陽）到原接點上（大太極的陽），所以若在單腳及單點運作的情況下，一個接發包含了一個小太極，一個中太極，

一個大太極；又若爲雙手承接及雙腳同時運作的情況下，至少有兩個小太極，兩個中太極，兩個大太極。

經由不斷的訓練後，接勁時要試著「聽」出來勁力道之能量、速度、角度，以同能量、同速度、同角度的「陰」接作爲，然後轉爲同能量、同速度、反角度的「陽」放作爲。

先由與對手陽能相等的陰陽作爲開始。能力增強之日，陰陽的作爲要永遠比對手大而深，或身體反應可達似挨未挨的接法，於是「以強打弱、以快制慢、以大打小、以多欺少」的特色就可展現出來。

8－10 我的太極拳勁特色

我的太極拳勁功夫，是基於太極陰陽的道理，張三丰太極拳拳經所講的「其根在腳，發於腿，主宰於腰，形於手指」、「有前則有後，有上則有下，有左則有右」、「一處有一處虛實，處處總此一虛實」的說法，及陳鑫太極拳拳論所述的「五陰五陽是妙手」上開展的。

一舉手一投足之間，力求陰陽相濟的結構完整表現，在陰陽同在、陰陽同出，比值相等地運作，如啓

動開關即能迅速發光發熱，快速產生無比的能量。

其特色分為「以強打弱」、「以快制慢」、「以多欺少」、「以大打小」四項，分述如下。

一、以強打弱

可將對手的勁力化為我方資源之際，由化勁而引動地力（借地之力）；能做無數陰陽的連續變化；又可將自身已練就的功力加上去。所產生的總合能量絕對強於對手的能量，否則如何能將幾十公斤的人，由地面飛出？

何況要將對手拔根飛起的剎那，對手的體重、對手的衝勢、對手的地心引力、對手被拔根飛出數尺或尋丈的距離，這些因素若以物理學的方式，代入數學公式計算的話，那股勁力絕對要高於對手體重的數倍才可能，因此可確認能將對手發出的情況下，「強」是無庸置疑的概念。

二、以快打慢

經時間的訓練，陰陽對走的訓練、此處與彼處（例如手與腳、上臂與前臂等）都能有陰陽兩極的結合、有如電路兩極的接觸，產生電光石火的激發能力。

不在手法、技法上下工夫，無招無式的思維，透

過「動作順暢」的訓練，調整不必要、不合理的人體動作習慣，使勁路順暢，出勁快速。

以及從大圈到中圈，中圈到小圈，再由小圈到無圈能力的培養，渾身無處不太極，在 0.X 秒內即能隨接隨發，當然其快無比。

三、以多欺少

由以上各章所述的各種方法訓練後，能夠進行陰陽連續而多元的變化，隨時可創造、組合無數的太極。

在 8－9 接戰時太極陰陽之處理中，提到單手單腳接戰時可生一個小太極、一個中太極、一個大太極。在雙手雙腳同時接戰的情況下，則為二個小太極、二個中太極、二個大太極，或四個接點有四個太極，三個接點有三個太極，因此太極的數量絕對多於對手的少量太極、單一太極或不是太極的單陽動作。

四、以大打小

以上的特質存在之後的前提下，太極圖騰比對手多，圖騰可越滾越大，能量越滾越強，因此可展現以大打小的效果。

此處的「大與「小」講的是能量的大小，與所謂

的從身材面切入的「以小打大」敘述方式有所區別的。

【本章小結語】

「勁」是太極拳非常有特色的部分，它的出現常在我們的一念之間或一個動作之間，說難很難，說不難也不難，您相信它，歡迎它，它就會接近您！拒絕它，不相信它，就難與為友！

太極勁是一門大學問，有深度也有廣度，以上僅就我個人投入在這個領域的認知、思維、實證部分，進行的解說與介紹，願能對您有更多的啟發！

後 記

　　自從「千山我獨行，無人相伴」以來，憑著一己之力，在太極拳的路上40多年徐徐走來，期間曾經困頓、質疑、研發、破論、立論、演示、傳播，到了有讀者、有學生、有回響，總算有了小許成果。

　　在《陰陽相濟的太極拳》、《細說陰陽相濟的太極拳》、《詳解陰陽相濟的太極勁法》、《陰陽相濟太極勁法的科學與應用》四本先後問世之後，已經12年的沉殿、靜思，探索……，最近不自禁地油然心動，告訴自己該再動筆了！

　　俗話說「三年練拳，一勁難求」，還說「練拳容易，找勁難」，求得太極拳之「勁」實不容易。在我太極拳勁法的研修路上，「勁」並非孜孜不倦地苦求來的，而是神奇奧妙的勁法，慢慢向我靠攏，慢慢讓我體悟，慢慢使我融會貫通。勁力是誕生於陰陽平衡、陰陽同在、同時反向運作的結構中，這個拳勁共生的奇妙學問，值得大家分享。爾後凡要研究、探討、

學習太極拳勁法的同好們，林氏結構的太極拳勁法亦是大家可選擇、研究的一條康莊大道。

最後要感謝　徐紀老師、陳偉忠博士給予指導，並惠賜序文；也要感謝張弘憲老師的拳照攝影及曹佳欣的垂直軸訓練立體透視圖，在此一併致上我最真誠的謝意！

太極拳勁法－林氏結構

著　　　者｜ 林冠澄
責 任 編 輯｜ 艾瑞克

發 行 人｜ 蔡森明
出 版 者｜ 大展出版社有限公司
社　　　址｜ 台北市北投區（石牌）致遠一路 2 段 12 巷 1 號
電　　　話｜（02）28236031・28236033・28233123
傳　　　真｜（02）28272069
郵 政 劃 撥｜ 01669551
網　　　址｜ www.dah-jaan.com.tw
電 子 郵 件｜ service@dah-jaan.com.tw

登 記 證｜ 局版臺業字第 2171 號
承 印 者｜ 龍岡數位文化有限公司
裝　　　訂｜ 佳昇興業有限公司
排　　　版｜ 方皓承

初 版 1 刷｜ 2024 年 1 月
定　　　價｜ 500 元

國家圖書館出版品預行編目（CIP）資料

太極拳勁法：林氏結構 / 林冠澄著 .-- 初版 .-- 臺北市：
大展出版社有限公司, 2024.01
256 面；14.8×21 公分
ISBN 978-986-346-442-6(平裝)

1.CST: 太極拳

528.972　　　　　　　　　　　　　　112020792